本书是国家社会科学基金青年项目"公共服务均等化视角下农村小型水利政策改革研究"(项目编号 12CZZ032)的最终成果

查补短板：
农村小型水利改革发展均等化研究

柯高峰　著

人民出版社

责任编辑:陈寒节
文字编辑:王志茹
装帧设计:朱晓东

图书在版编目(CIP)数据

查补短板:农村小型水利改革发展均等化研究/柯高峰 著
　.—北京:人民出版社,2017.10
ISBN 978-7-01-018257-5

Ⅰ.①查…　Ⅱ.①柯…　Ⅲ.①农村水利－水利管理－研究
　－中国　Ⅳ.①F323.213

中国版本图书馆 CIP 数据核字(2017)第 229825 号

查补短板:

CHABU DUANBAN

农村小型水利改革发展均等化研究

柯高峰　著

人民出版社 出版发行

(100706　北京市东城区隆福寺街 99 号)

北京中兴印刷有限公司印刷　新华书店经销

2017 年 10 月第 1 版　2017 年 10 月北京第 1 次印刷
开本:710 毫米×1000 毫米 1/16　印张:13
字数:188 千字

ISBN 978-7-01-018257-5　定价:40.00 元

邮购地址:100706　北京市东城区隆福寺街 99 号
人民东方图书销售中心　电话:(010)65250042　65289539

目　录

导　论

一、研究的问题、现状、价值及意义

(一) 研究问题

"均等化"的理念和原则源远流长，实现城乡间水利设施等基本公共服务的均等化，是中、西方各国政府的重要职责和追求目标，一直是各国学术界长期关注的问题。实现区域均衡发展和基本公共服务均等化，也是中国共产党全面建成小康社会的重要战略目标和国家"十一五"规划以来的政府目标之一。

2011 年发布中央 1 号文件①和召开中央水利工作会议以来，水利部提出"十二五"时期将促进水利基本公共服务均等化，有关农村民生水利服务均等化的政策理念、政策目标和政策改革与执行是否如愿，政策结果如何，这些问题值得学术界持续不断地跟踪观察和实证研究。特别是在我国水利改革发展一度存在"重城轻乡""重大轻小""重建轻管"的情况下，农村水利的"最后一千米"和遍布田间地头的"毛细血管"工程成为阻碍大、中、小水利协调发展的"短板"，因此，本课题聚焦于农村小型水利改革发展均等化议题，目前的专门研究还比较少，研究具有重要的现实意义、理论价值和应用价值。

(二) 研究现状述评

下面主要围绕我国农村水利改革发展的议题，简述有关的学术观点和

---

① 《中共中央国务院关于加快水利改革发展的决定》（中发［2011］1 号），以下简称"2011 年中央 1 号文件"。

研究成果。

现有文献一方面认为，"我国农村水利改革三十多年来成就辉煌，大体经历了三个时期：第一个时期是 20 世纪 70 年代末至 80 年代中期的适应改革期；第二个时期是 20 世纪 80 年代中后期至 90 年代末的深入改革期；第三个时期是 21 世纪以来的全面改革期。"① 其中，农村小型水利政策改革贯穿始终。

另一方面，农村政治社会学及水利政策领域开展的系列研究表明：21 世纪以来，受农村改革特别是税费改革和"两工"取消的负面影响，我国农村水利的形势日益严峻，"小农水"建设的筹资、酬劳和管护日渐艰难。徐勇、邓大才等（2010 年）认为解决农村水利灌溉问题重在基础，同时应全面统筹解决农村居民饮水问题。贺雪峰、郭亮（2010 年）研究认为，农村水利投入要着眼于机制建设。孙新华等（2011 年）认为，当前农村水利显现了"治理性干旱"。折晓叶、陈婴婴（2011 年）认为，要从"项目进村"的政策机制入手调整有关政策措施，"强调只有通过公共品的供给，增加村民参与的公共空间，实现村庄公共治理，项目制才能真正增进公益进而达成整合的目标"② 。陈振明、田永贤（2007 年）则认为，我国农村水利服务应从科层制转向组织间合作网络的供给模式。以上研究都在一定程度上反映了当前农村水利政策的体制与机制"瓶颈"，实施"政策改革"是蕴含其中的应有之义。

农田水利学界的研究成果主要有农村水利管理体制与管理模式研究，陈菁等（2001 年、2004 年），王喜林等、张宁（2009 年），孔喜梅、徐娜等（2011 年）；农村水利现代化研究，蔡勇等（2001 年），赵然杭等（2008 年），罗强等（2011 年）；农村小型水利产权制度改革研究，冯广志（2001 年），李雪松（2007 年），刘海英（2008 年），李晶等、徐成波（2009 年），包晓斌（2011 年）等。这些研究反映了我国农村水利改革与

---

① 李力，《经济日报》2008 年 12 月 23 日。
② 折晓叶、陈婴婴：《项目制的分级运作机制和治理逻辑——对"项目进村"案例的社会学分析》，《中国社会科学》2011 年 7 月。

发展还不够深入和全面,水利设施老化失修、配套不善,管理主体缺位、管护责任不清,产权不明晰,投入不足等问题没有得到根本改变。正如2011年中央1号文件指出:近年我国频繁发生的水旱灾害暴露出农田水利等基础设施十分薄弱,尤其是小型水利成为"短板"中的"短板",未来十年必须大力加强建设,加快改革发展。

上述研究具有重要的参考价值,是后续研究的基础。研究的不足之处:有的研究视角局限于"以水论水"的框架;有的研究对策与重心偏向"工程治水"的思路;有的研究对象与范围囿于传统"农田水利",忽视"现代民生水利"(生产、生活、生态)的研究;研究在一定程度上缺乏前瞻性和系统性。

(三) 研究目的、价值与意义

"小水利关系大民生""弱水利需要强政策",课题研究的目的、意义和价值还体现在以下三个方面:突破"以水论水"和"工程治水"的研究思路,从政策体系层面概括研究农村小型水利的涵义、系统功能和特征,提炼农村小型水利改革发展均等化的战略思路与对策举措,为农村小型水利改革发展均等化战略与政策的制定提供理论基础;通过构建农村小型水利改革发展均等化战略评估框架和指标体系,开展多层面的实证研究,为政策决策提供实证理论支撑;通过深入调查研究,试图发现农村小型水利改革发展实践中存在的突出问题,并提出有针对性的政策建议。

二、研究的基本思路、方法和重点

(一) 研究的基本思路

本课题以"均等化"为研究视角,从规范和实证两个层面,研究农村小型水利改革发展。研究思路可以简单概括为"一个视角、两大任务、三个转变"。

"一个视角":课题围绕"均等化"的理论视角展开研究。

"两大任务":完成"理论与实证分析"和"政策建议"任务,从而体现课题研究的重大理论价值和实践意义。

"三个转变"：跳出"以水论水"的框架，研究视角转向"均等化"；跳出"工程治水"的框架，研究重心转向"政策治水"；跳出传统"农田水利"的框架，研究对象转向"现代民生水利"（生产、生活、生态）。

（二）研究方法

本课题以政治学、公共管理与公共政策、社会学、水利经济学等学科的理论为基础。研究方法上力求做到"四个结合"，具体包括分析政策文本和学术文献相结合、参与水利实践和科学研究相结合、访谈基层干部群众和问卷调查相结合、定性分析与定量分析相结合，通过构建农村小型水利改革发展均等化战略评估框架和指标体系，从宏观、中观、微观三个层面展开系统的实证研究。

（三）研究的重点与范围

课题着重研究从 2006 年至 2015 年，特别是 2011 年中央 1 号文件实施前后的改革发展均等化成效；侧重研究民生水利领域小型水利投资、农村饮水安全、村庄灌溉及地方改革执行的均等化绩效；典型案例与调查研究以湖北省为主要对象。

规范研究的重点是概括提炼出农村小型水利改革发展均等化的战略思路与政策建议；实证分析着重从宏观（区域和省域）、中观（省域内）、微观（镇村）层面分析农村小型水利改革发展的均等化状况及其影响因素。

三、课题研究的创新之处

（一）研究视角与研究内容的创新

从均等化的视角来考察农村小型水利及其政策的完善、健全与变革，系统思考农村小型水利建设与治理问题，不仅研究发展"短板"，而且研究政策与制度改革"短板"；课题研究指出不仅要构筑"政策高地"，而且要避免"政策洼地"现象，只有这样才能真正补齐短板，实现改革发展的均等化。研究认为，农村小型水利改革发展均等化评估是政策战略层面的评估，旨在对农村小型水利改革发展的政策战略实施进行监控，并对政策战略实施的均等化绩效进行系统评估，对政策战略进行修正与调整，明确新的战略思路。因此，课题着重阐述农村小型水利改革发展均等化的必要性、战略思路、基本举措，构建农村小型水利改革发展均等化战略评估框架，深入阐述国家均等化战略的提出、变迁与重大意义；通过构建农村小型水利改革发展均等化战略评估框架和指标体系，从宏观、中观、微观三个层面展开系统的实证研究。

本课题无论是理论研究，还是实证分析，主要研究内容和观点都有创新，主要研究成果具有原创性。理论研究不仅从民生"短板"和人水关系的角度重新界定了农村小型水利的涵义、功能及特征，而且对改革开放以来农村小型水利政策及其变迁、大中小型水利的关系展开了系统研究，阐述了农村小型水利改革发展均等化与农村水利基本公共服务均等化和其他类公共服务均等化的关系。

（二）研究思路与方法的创新

本课题以上述"一个视角、两大任务、三个转变"为基本思路，以"四个结合"为主要研究方法，具有新意。（见前文研究的基本思路与研究方法部分）

（三）研究发现与政策建议的创新

在开展较长时间理论研究、实证分析和调查研究的基础上，本课题概括提炼了四个重要的研究发现，从正反两个方面总结了农村小型水利改革发展均等化的经验成效、存在的"短板"问题及其原因，并在课题最后还有针对性地从四个方面提出了有新意的政策思路与建议。（见下文主要研究发现与政策建议部分）

（四）获得了一批重要的第一手数据资料，并进行创造性地运用

本课题通过大量的数据搜集和调查研究，获得了一批重要的第一手数据资料，处理数据资料和创造性运用的工作量很大。同时，统计年鉴、农业普查和问卷调查与访谈等不同来源的数据资料互为补充、相互佐证，具有一定的可靠性。

四、主要研究发现与政策建议

(一) 主要研究发现

1. 全国小型水利建设投资总量大幅增长，中西部各省人均投资加大，区域和省域农村小型水利发展均等化趋势显现，但是县级以下镇村层面均等化水平偏低

我国小型水利建设投资从 2006 年开始一直保持增长趋势，2012 年的增幅最大，2014 年突破 3000 亿元。重庆、新疆、宁夏、西藏、青海等地人均小型水利投资明显增大。

虽然我国有 31 个省级行政区在 23 个单项指标评价中存在差距，但是各地（小型）水利建设投资、农村饮水安全和村庄水利灌溉等方面的综合评估结果表明：31 个省级行政区均等化趋势显现，基本形成了两头小、中间大的"橄榄形"分布格局，即处于第一序列的省级行政区和处于第四序列的省级行政区占少数，处于第二、第三序列的省级行政区占多数。（见第一章综合评估部分）

2009 年至 2014 年，全国小型农田水利重点县建设项目县级覆盖率达 66%，形成了较成熟的执行模式，湖北省南漳县建设成效明显，成为全省典型，但是其小型农田水利重点县建设项目的乡镇覆盖率为 36.3%，村庄覆盖率仅为 11%。

2. 农村小型水利改革发展的湖北经验与特色鲜明，但是受历史欠账较多，政策体系不健全、水利的多属性和复杂性以及各地总体发展水平的制约，各县改革发展参差不齐，改革还只是在点上取得突破

农村小型水利改革发展的湖北经验与特色鲜明。2012 年全省小型水利建设投资总量、人均水利投资和单位国土面积小型水利建设投资额都较高；乡村人均耕地灌溉面积达 1073.33 平方米，高于全国 973.33 平方米的均值；2015 年 60% 的问卷反映村里有新建的小型水利设施，82% 的问卷反映村庄水利设施有改善；宜都市全面深化改革和夷陵区普惠化改革的执行模式成为典型。

但是，由于受政策体系不健全、历史欠账多、水利的多属性和复杂性以及各地总体发展水平的制约，各县改革发展参差不齐，改革还只是在点上取得突破。

湖北省饮水安全"村村通"工程成效与困难并存，2015年超过1/3的问卷反映村民获取饮用水困难，与2006年的普查数据对比，近十年来获取引用水困难的住户不降反升。同时，各地平原、丘陵、山区以及贫困与非贫困村之间水利发展的均等化水平有待提高。湖北节水灌溉面积与灌溉面积的比值为0.11，远低于全国均值0.46。

3. 政策与改革容易形成"洼地"现象，县域内乡镇和村庄之间的差距仍然很大，群众满意度不高，基层治水与改革的自主性、协调性和群众参与的积极性发挥不够，政策试点经验与示范推广难度大

随着水利政策顶层设计的加强和投入的加大，农村水利服务能力大幅衰减的不利局面得到了基本扭转，县域均等化水平提高。一些改革发展先进的地方，财政投入资金和地方配套资金形成良性互动，政策和财政资金的激活和撬动效应明显，各类政策资金和人、财、物及技术容易汇聚形成"洼地"现象。然而，一些好的试点经验和示范做法还没有收到构筑改革"高地"回流普惠的效果，向欠发达地区推广难度很大。农村小型水利改革发展仍然面临资金、人才、技术与政策制度的短缺，一些乡镇和村庄仍然存在重大轻小、重枢纽轻配套、避难就易、重建轻管以及规划设计施工与监管脱节、质量堪忧等不良倾向，改革发展覆盖面不广、长效机制不强，群众满意度不高。调研表明，这些现象的存在也与基层治水与改革的自主性、协调性和群众参与的积极性发挥不够有关。

2015年46%的调查问卷反映不满意水利设施不配套不能正常发挥作用，13%的问卷反映不满意设施建设过程中存在质量问题或官员腐败，6%的问卷反映不满意设施修建侵害了自身利益而得不到补偿，18%的问卷反映不满意设施兴建不公平、受益不均等。同时，17%的问卷反映村民对新建的小型水利设施不满意，只有63%的问卷反映村民对新建的小型水利设施满意。

4. 农村人水关系的系统性与治水政策"碎片化"的矛盾长期存在，改善农村生产、生活用水同时，95％的问卷反映村庄水土被污染

改革开放以来，从改革历程、概念内涵、价值理念和目标导向看，农村小型水利政策逐步实现了从"农田水利"向"农村水利"的变迁，从"农村水利"向"民生水利"的变迁，从"分散投入低效建设"向"县域整体规划连片集中投入建设"的变迁，从"市场主导"向"政府主导"的变迁，从"重建轻管"向"建管并重"的变迁。

但是，现有农村水利政策对村庄生产、生活和生态用水，对流域水系，对小型水利与大中型水利协调、均衡、均等化发展还缺乏系统设计和政策整合；政策执行"碎片化"、简单化、应急性和工程技术化特征明显，政策部门各自为政，政策实施时有冲突，部门资金统筹整合和协同推进的力度不够，农村人水关系的系统性与治水政策"碎片化"的矛盾长期存在，政策的长远规划与针对性不强。村镇生产、生活用水得到较好改善的同时，"污染围村"现象严重。

2015 年的调查显示：54％的问卷反映村庄被生活污水和垃圾污染，21.1％的问卷反映村庄有工业污染，30.7％的问卷反映村庄有农业或养殖业污染，只有5％的问卷反映村庄的水土未被污染。36％的问卷否认村民的日常生活用水是卫生健康或对身体无害的。一些村镇青山依旧在，绿水不复流。河流污染情况严重，堰塘由于经营户投肥养殖，面源污染很厉害，长期富营养化。

（二）主要政策建议

1. 完善和明确农村小型水利及其政策的内涵与体系构成

"小水利关系大民生""弱水利需要强政策"。农村小型水利的涵义界定要改变纯粹以工程规模大小定义的倾向，要从我国水利改革发展的"短板"、农村民生水利服务功能和人水关系的角度重新界定其涵义。本课题研究认为，农村小型水利是以精准保障农业生产、农民生活、农村生态环境、抗御干旱洪涝等基本民生需要为目的，以县域范围之内的乡镇、村组、农户等基层治理单元和农村居民等为直接受益对象而实施的小型水利

措施。农村小型水利也具有永恒性与变迁性、系统性与复杂性、层次性和无限性的民生特征，而且小型水利的不足将制约大、中型水利功能的发挥，当前尤其需要补"短板"、强政策。

为了适应我国当前各地农村水情和有效解决农村人水关系的矛盾，农村小型水利政策必须实现从传统"农田水利"向现代"民生水利"政策的嬗变，打破农村管水部门分割，取水、用水、排水等过程分割以及规划、建设、管护、监督分割的局面，构建体现流域性和系统化的农村治水政策体系。建议涉水部门结合各地经验，联合研究制定和出台《农村治水政策指南》，进一步明确农村小型水利及其政策的内涵与体系构成，加强对基层治水的宏观指导性和针对性。

2. 明确农村小型水利改革发展均等化的战略思路与基本举措

一要坚持普惠性与共享性，促进县域各乡镇和各村庄之间小型水利资源的均衡配置与发展，提高政策项目的村镇覆盖面和受益率；二要坚持各地大、中、小型水利的协调发展，空间均衡布局和系统治理；三要坚持区分各级政府均等化发展的责任和基层治水能力的提升及长效机制的构建，促进农村小型水利服务均等化，健全农村基层治水体系。

农村小型水利服务均等化特指在现有水利政策项目点状分布和受益率不高的情况下，促进村镇和村庄居民之间共同享有取水、供水、用水和排水等民生水利服务，确保各类小型水利建设投资与财政转移支付的公平性。

3. 构建各层级农村小型水利改革发展均等化的监测指标体系和责任体系

本课题构建了比较系统的农村小型水利改革发展均等化战略评估框架。宏观层面，选取小型水利建设投资、农村饮水安全和村庄水利灌溉等三个方面共 23 个指标，构建了农村水利发展均等化评价指标体系，并结合统计数据对 31 个省级行政区进行分析评估。中观层面，主要对省域均等化与地方改革执行典型案例从政策项目覆盖率、投入—产出—效益、执行机制及执行模式等方面进行了评估。微观层面，以镇村基层干部群众为调查对象，从农村饮水安全保障、村庄灌排与防灾保障、水利设施的新建与改善、村民对新建水利设施的满意度、水利设施的管护与改革、村民对水费收取的满意度、村庄水环境治理与改善等七个方面设计问卷，调查评估了农村小型水利改革发展均等化的程度。评价与调查评估结果符合实际，评估分析方法具有很好的参考价值。

在此基础上，建议国家统计部门作出相应规定，要求各层级政府涉水部门对相关数据保持统一规范的统计口径，及时公开数据，为监测评估农村小型水利改革发展均等化提供更加精准的数据支撑，加快构建基于互联网＋的农村治水改革发展均等化动态监测指标体系。同时，建议国家构建各层级政府治水职责体系和均等化责任体系，地方政府和基层组织加快转变职能，加强农村小型水利的市场监管、社会管理和公共服务职能，更好发挥基层干部群众的自主性和积极性。

4. 充分发挥政策及财政资金的惠农效益，加快美丽乡村建设和全面统筹发展，有效组织动员农户参与，激发农村内在发展潜能和治水改革需求，提高第三方评估的群众满意度

调查显示，政策及财政资金的投入、村镇社会经济总体发展水平、农户和群众的积极参与及其满意度等是影响各地农村小型水利改革发展均等化的主要因素。同时，47％的基层干部问卷和98％的村民问卷反映农户愿意在村组或上级组织发动下参与村庄水利设施建设与管护。

建议各级政府要充分发挥政策及财政资金的惠农效益，加快美丽乡村建设和全面统筹发展，有效组织动员农户参与，激发农村内在发展潜能和治水改革需求，提高第三方评估的群众满意度。

五、研究展望

本课题研究也存在一定的局限性，未来需要进一步深化研究。一是虽然把三个不同层面结合起来进行全面系统的研究是本课题的特色与优势，全国总量指标的数据搜集已经推进到2014年，但是各省级行政区的数据搜集多数限于2012年，综合评估指标的动态比较欠缺。二是运用统计图、

表等方法描述比较 23 个单项指标的省域差异和均等化水平，并进行综合评估，研究方法形象直观，但是指标体系的构建与评价方法的运用还有待完善。三是虽然数据资料来源广泛，获得了一批重要的一手资料，且有很强的代表性，但调查主要限于湖北省和四川省，问卷样本还有待扩展。此外，基于互联网＋农村治水改革发展均等化动态监测体系的构建应是该领域未来跨学科研究的一个重要方向。

第一章 均等化战略评估框架的构建

农村小型水利改革发展均等化研究，定位于政策战略评估层面的研究，既需要在以前研究的基础上阐明农村小型水利的涵义、功能与特征等相关的理论概念，又需要对农村小型水利政策及其变迁的脉络有系统的认识，目的是明确农村小型水利改革发展均等化的战略思路与基本举措，构建农村小型水利改革发展均等化的战略评估框架，为进一步开展系统的实证评估研究提供理论框架。

一、农村小型水利的含义、功能与特征

本课题对基本概念的界定体现了对原有水利科学和水利政策术语的传承性、协调性与创造性。

（一）农村小型水利涵义的界定

目前对农村小型水利还没有统一规范的界定，在不同的发展阶段，针对不同的管理目标需求、不同的标准规范或政策文件、不同政策部门的统计需要，对农村小型水利的界定都有所不同[1]，而且大多数标准规范和政策文件[2]主要偏向从水利工程规模大小的角度界定农村小型水利。本课题侧重从民生水利"短板"的角度界定农村小型水利。

本课题对农村小型水利的界定：以精准保障农业生产、农民生活、农村生态环境和抗御干旱洪涝等基本民生需要为目的，以县域范围之内的乡

---

[1] 王冠军、刘小勇等：《小型农田水利工程产权制度改革的理论与实践》，中国水利水电出版社2015年版。

[2] 参见本章第二部分农村小型水利政策的涵义与类型。

镇、村组、农户等基层治理单元和农村居民等为直接受益对象而实施的小型水利措施。农村小型水利是我国当前水利建设的薄弱环节，是农村水利的"短板"和"最后一千米"障碍。加强我国水利的薄弱环节、打通农村水利"最后一千米"障碍、补齐农村水利"短板"是我国当前治水兴水的重要任务。

农村小型水利是一个具有问题与政策导向性的概念。本课题对农村小型水利概念的界定既建立在水利科学与实践发展的基础上，也建立在我们对水利的概念构建、理解与反思的基础之上。本课题从水利和农村水利两个概念入手界定农村小型水利的涵义。下面阐述水利和农村水利两个概念，进一步明确农村小型水利与这两个概念的联系与区别。

我国人民兴水利、除水害的治水历史源远流长，为人类水利科学与技术的发展积累了宝贵的知识和经验。最初中国古文献中所讲的"取水利"系指捕鱼之利①。《史记·河渠书》中就有"甚哉水之为利害也"，并指出"自是之后，用事者争言水利"的表述。后人研究认为，"水利"一词具有防洪、灌溉、航运等除害兴利的含义就源于此②。

随着水利工程理论与实践的发展，不断丰富和扩展了"水利"一词的内涵和外延。1933 年，中国水利工程学会在第三届年会的决议中将"水利"的范围明确为包括"防洪、排水、灌溉、水力（水能利用）、水道、给水、污渠（城镇排水）、港工八种工程在内"③。后来，随着水利科学和治水实践的发展，人们不断将水土保持、水资源保护、环境水利和水利渔业等新内容逐步纳入了科学研究和政府治水的范畴④。当前，水利被我国科学技术审定委员会界定为对自然界的水进行控制、调节、治导、开发、管理和保护，以防治水旱灾害，并开发利用水资源的各种事业和活动。⑤

---

① 战国末期问世的《吕氏春秋》中的《孝行览·慎人》。
② 水利科技，见 http：//blog. sina. com。
③ 水利科技，见 http：//blog. sina. com。
④ 水利科技，见 http：//blog. sina. com。
⑤ 国务院第二次全国经济普查领导小组办公室、中华人民共和国水利发展研究中心：《中国水利行业发展研究报告》，中国统计出版社 2012 年版。

由于水利工程、水资源、水环境等自然科学与工程技术科学的发展越来越成为国家治水的理论基础与关键技术支撑，伴随大、中型水利工程的兴建及其效益的充分显现，水利的发展也一度被打上深深的工程技术烙印。

农村水利作为我国水利行业的技术术语，目前已经得到了统一规范的界定，中华人民共和国水利行业标准《农村水利技术术语》（SL56－2013）明确界定：农村水利是抗御干旱洪涝、改善农业生产条件和农民生活条件、提高农业综合生产能力与改善农村生态环境服务的水利措施。

（二）农村小型水利的民生服务功能

与大、中型水利相比，农村小型水利之"小"主要体现在工程规模小、单项工程的直接受益主体与范围相对较小、工程产权分散、基层工程建设与管理体制不健全、投入政策性强、单位投入—产出—效益相对较低等。

农村小型水利并不是一个"小而狭隘"的概念，而是一个内涵丰富、外延广泛、类型多样的概念。农村小型水利之"大"主要体现在与大、中型水利相似，具有广泛的民生服务功能和复杂的民生关系（人水关系）特征（后文将专门阐述其民生特征）。更为重要的是，农村小型水利的不足将制约一个地区大、中型水利功能的发挥，农村小型水利的完好将大大提高大、中型水利的功能效益，而且更能因地制宜和个性化地发挥其民生服务的功能和效益，见表1—1。

表1—1 小型水利与大、中型水利的区别与联系

	小型水利	大、中型水利
不同点	工程规模、直接受益主体与范围、产权、建设与管理体制、投入政策、单位投入—产出—效益等	
相似点	具有相似的民生服务功能和特征	
联系	农村小型水利的不足将制约一个地区大、中型水利功能的发挥，农村小型水利的完好将大大提高大、中型水利的功能效益，而且更能因地制宜和精准地发挥其民生服务的功能和效益。大、中、小型水利协调发展及其合理布局与设计将有助于最大限度地提高水利的整体效益	

农村小型水利发挥着担负我国广大农村和自然村落农民生活之需、农业生产之要和农村生态与发展之基的重要民生功能。

首先，水是生活之需。农村小型水利的基本目的之一，就是满足农村社区居民饮水和生活用水的需要，是人们解渴饮用、淘米洗菜、饮食烹饪、卫生清洁的天然之物，须臾不可或缺，人们都希望这种生活用水之需是方便可及的、安全卫生的并能充足获得的。人类长期的繁衍生息，水是大自然恩赐的生活必需品，是不需要人类劳动加工、没有价值且具有天然使用价值的廉价之物，不但如此，水还促进人类亲水、用水的智力发展，推动人类取水、用水工具和水利服务设施的发明与创造。

其次，水是生产之要。水利设施与灌溉农田出现后，水对民生的目的及意义得到了升华，成为提升农业生产力的要素之一。水已经不仅是直接使用的公共品，而且可以间接影响、决定粮食的丰收和充足，成为人们解决饥饿和口粮需要的一条新途径。从这个意义上讲，农村小型水利服务的目的是通过水利设施方便灌溉与排涝，从而满足社区居民口粮自给和粮食增产的需要。

再次，水是生态之基。自古人类择水而居，寻找充足、清洁的水源和防范水患灾害始终是人类繁衍生息的永恒之事。人们对水永远都有趋利避害和安全保护的需要。在一定时期和范围内，水也会因为自然和人类的频繁活动或者说人和动物的不清洁行为而变浑浊，直到变脏、影响生命健康而无法继续使用，甚至在一个地方完全消失而变成荒漠。因此，农村小型水利服务包含满足农村社区生态环境保护的需要。

最后，水是农村人居与发展的基础条件。"城濒大河、镇依支流、村傍小溪，几成不易的规律。"人类文明大多因水而兴，对水的趋利避害和安全保护，意味着区域、流域和乡村文明的总体发展。"一方水土养一方人。"水是优越的人居条件和乡村人文经济发展的重要条件。农村小型水利服务包含农村宜居环境和文明发展的需要。

（三）农村小型水利的民生特征

农村小型水利作为提供农村水利基本公共服务的有效举措，从根本的人水关系上讲，与大、中型水利一样具有永恒性与变迁性、系统性与复杂性、层次性与无限性的民生特征。[①]

第一，永恒性与变迁性。"沧海百年，民生不息。"民生的永恒性也表现为人与水（自然）关系的永恒性，人水关系是人与自然的基本关系之一，用我国古人的智慧表述，何谓民生？民生就是"天人合一"，民生就是"道法自然"。因此，尊重自然之水、顺应自然之水、保护自然之水的水生态文明理念与民生理念具有符合人类生存发展的统一目的与意义，人类取水、用水、排水之需必须永远与尊水、顺水、护水统一，只有这样才能实现人水和谐、亲水和谐和人水共生。人水关系从人类原始文明、农耕文明、工业文明到如今我们期待和渴望的生态文明，从内容到形式都不断发生了新的演变，而人水和谐、亲水和谐一直是人类追求的美好状态。农村小型水利当然要适应和体现出人水关系的变迁性与永恒性。

第二，系统性与复杂性。民生系统的人水关系包括自然生态之水、生产之水和生活之水三者之间的关系。就此三者的关系而言，何谓民生？民生就是人类社会在处理三者关系（人水关系）时所呈现的协调、平衡与和谐的美好关系状态。相反，何谓民生问题？就是民生系统内部的生产、生活和生态三者之间的不协调、不均衡、不和谐的关系状态，是"民生系统"失衡、冲突和矛盾的一种状态，是民生需要得不到满足的状态。所以，水灾害问题、水资源问题、水生态环境问题实质上是民生水利系统内部失调的问题。人类社会的发展，无论是生产的不断发展，还是生活需求水平的不断提高，都有可能引发"生态限伐"失衡的系统性问题，而人类社会发展的实践表明，任何一个子系统的良性运行都具有无法预测的复杂性和不确定性。因此，农村小型水利也具有"虽小犹大"的系统性，处理不好，就很有可能出现"因小失大"的复杂性。

第三，层次性与无限性。农村小型水利同样具有民生的层次性与无限

---

① 林祖华：《造福民生：中国共产党的追求与经验》，社会科学文献出版社 2012 年版，第 48—50 页；柯高峰：《建设美丽中国是民生新理念》，《湖北日报》2014 年 8 月 23 日。

性特征。所谓民生的层次性，是就水的民生需要而言，用马斯洛的需要层次理论①解释，就是人对水的真、善、美的追求是一种区别于人喝水解渴的生理需要的更高层次的需要。人类对水的需要除了适应生存、安全健康，满足生产、生活和生态之需要外，更有舒适和欣赏的较高层次需要，所以，农村小型水利是一种具有层次性和无限性的民生需要，是建设美丽水乡，实现农民富、农业强、农村美的基本条件。

二、农村小型水利政策及其变迁

（一）农村小型水利政策的含义与类型

农村小型水利政策是加强我国水利的薄弱环节、打通农村水利"最后一千米"障碍、补齐农村水利"短板"的所有小型水利政策措施的总和。农村小型水利政策可以分为技术性政策和制度性政策，也可以分为投入政策、建设政策和管护政策等。

与农村小型水利对应，农村小型水利政策也是一个内涵丰富、外延广泛、类型多样的概念。

1998 年，水利部出台了行业标准《节水灌溉技术标准》（SL207－98），规定控制面积在 667 万亩以下为小型灌区。

2000 年，水利部《水利水电工程等别划分及洪水标准》（SL252－2002）规定设计灌溉面积在 5 万亩以下为小型水利、设计治涝面积在 15 万亩以下为小型水利。

2006 年建设部文件公告 429 号批准的《节水灌溉工程技术规范》（GB/T50363－2006）规定设计灌溉面积在 667 万亩以下的为小型灌区。

2003 年水利部发布《小型农村水利工程管理体制改革实施意见》。该文件明确界定："小型农村水利工程主要指灌溉面积 1 万亩、除涝面积 3 万亩、库容 10 万立方米、渠道流量 1 立方米每秒以下的水利工程和农村

---

① 美国著名心理学家 A. 马斯洛《动机与人格》一书中将人的欲望分为生理需要、安全需要、归属和爱的需要、尊重的需要、自我实现的需要五个层次。

供水工程。"

据不完全统计，从2003—2015年，与农村小型水利有关的中共中央、国务院政策文件达58件之多，见表1-2。水利部、财政部等国务院组成部门出台关于农村小型水利的政策文件达27件，见表1-3。

表1-2　中共中央、国务院关于农村小型水利的政策

1.《中共中央关于制定国民经济和社会发展第十三个五年规划的建议》
2. 中共中央办公厅、国务院办公厅印发《深化农村改革综合性实施方案》
3. 国务院《关于开展农村承包土地的经营权和农民住房财产权抵押贷款试点的指导意见》
4. 国务院办公厅关于印发《整合建立统一的公共资源交易平台工作方案》的通知
5. 国务院办公厅《关于加快转变农业发展方式的意见》
6. 国务院《关于开展第三次全国农业普查的通知》
7. 国务院关于印发《推进财政资金统筹使用方案》的通知
8. 中共中央、国务院《关于加快推进生态文明建设的意见》
9. 国务院办公厅《关于清理规范国务院部门行政审批中介服务的通知》
10. 国务院关于印发《水污染防治行动计划》的通知
11. 国务院关于落实《政府工作报告》重点工作部门分工的意见
12. 中办、国办印发《关于推行地方各级政府工作部门权力清单制度的指导意见》
13.《政府工作报告》（第十二届全国人民代表大会第三次会议）
14.《中华人民共和国政府采购法实施条例》（2015年3月1日起施行）
15. 国务院《关于实行中期财政规划管理的意见》
16.《关于改革和完善中央对地方转移支付制度的意见》政策解读
17. 国务院印发《关于改革和完善中央对地方转移支付制度的意见》
18. 中共中央、国务院《关于加大改革创新力度加快农业现代化建设的若干意见》（2015年中央1号文件）
19. 国务院《关于建立健全粮食安全省长责任制的若干意见》
20. 国务院办公厅《关于引导农村产权流转交易市场健康发展的意见》
21.《关于深化中央财政科技计划（专项、基金等）管理改革方案》政策解读
22. 国务院印发《关于深化中央财政科技计划（专项、基金等）管理改革方案》的通知
23.《中华人民共和国预算法》（2014年修订，2015年1月1日起施行）
24. 国务院办公厅《关于加强政府网站信息内容建设的意见》
25. 中共中央办公厅、国务院办公厅印发《关于引导农村土地经营权有序流转发展农业适度规模经营的意见》
26. 国务院《关于深化预算管理制度改革的决定》
27. 国务院办公厅关于印发《2014年政府信息公开工作要点的通知》
28. 国务院办公厅转发财政部《关于调整和完善县级基本财力保障机制意见的通知》
29. 中共中央、国务院印发《关于全面深化农村改革加快推进农业现代化的若干意见》（2014年中央1号文件）
30. 中共中央《关于全面深化改革若干重大问题的决定》（十八届三中全会）
31. 国务院《关于全国高标准农田建设总体规划的批复》
32. 国务院办公厅《关于落实中共中央、国务院关于加快发展现代农业进一步增强农村发展活力的若干意见有关政策措施分工》

33. 中共中央、国务院《关于加快发展现代农业进一步增强农村发展活力的若干意见》（2013 年中央 1 号文件）

34. 国务院《取水许可和水资源费征收管理条例》

35. 国务院办公厅《实行最严格水资源管理制度考核办法》

36. 国务院办公厅关于印发《国家农业节水纲要（2012—2020 年）》的通知

37. 《国家农业节水纲要（2012—2020 年）》

38. 国务院《关于促进牧区又好又快发展的若干意见》

39. 国务院《质量发展纲要（2011—2020 年）》

40. 国务院《关于支持农业产业化龙头企业发展的意见》

41. 国务院印发《全国现代农业发展规划（2011—2015 年）》

42. 国务院《关于实行最严格水资源管理制度的意见》

43. 中共中央、国务院《关于加快推进农业科技创新持续增强农产品供给保障能力的若干意见》（2012 年中央 1 号文件）

44. 《中华人民共和国招标投标法实施条例》

45. 国务院《关于全国抗旱规划的批复》

46. 国务院办公厅《关于开展 2011 年全国粮食稳定增产行动的意见》

47. 《中华人民共和国国民经济和社会发展第十二个五年规划纲要》

48. 中共中央、国务院《关于加快水利改革发展的决定》（2011 年中央 1 号文件）

49. 中共中央、国务院《关于加大统筹城乡发展力度进一步夯实农业农村发展基础的若干意见》（2010 年中央 1 号文件）

50. 中共中央、国务院《关于 2009 年促进农业稳定发展农民持续增收的若干意见》（2009 年中央 1 号文件）

51. 国务院办公厅《关于加强抗旱工作的通知》

52. 《关于积极发展现代农业扎实推进社会主义新农村建设的若干意见》（2007 年中央 1 号文件）

53. 《关于推进社会主义新农村建设的若干意见》（2006 年中央 1 号文件）

54. 国务院农村税费改革工作小组《关于规范和引导农民对直接受益的小型农田水利设施建设投工投劳有关政策的意见》

55. 国务院办公厅转发发展改革委等部门《关于建立农田水利建设新机制意见的通知》

56. 《关于进一步加强农村工作提高农业综合生产能力若干政策的意见》（2005 年中央 1 号文件）

57. 国务院办公厅《关于推进水价改革促进节约用水保护水资源的通知》

58. 《关于促进农民增加收入若干政策的意见》（2004 年中央 1 号文件）

表 1-3 国务院部门关于农村小型水利的政策

1. 《小型农田水利工程维修养护定额（试行）》

2. 水利部《加快推进农村水利工程建设实施细则》

3. 水利部《关于加强中小型水利工程建设管理防范廉政风险的指导意见》

4. 水利部《关于加强基层水利服务机构能力建设的指导意见》

5. 《小型水库土石坝主要安全隐患处置技术导则（试行）》

6. 2013 年中央财政《小型农田水利设施建设补助专项资金项目立项指南》

7. 水利部、财政部《关于深化小型水利工程管理体制改革的指导意见》

8. 2012 年中央财政《追加小型农田水利设施建设补助专项资金项目立项指南》

9. 水利部中央机构编制委员会办公室、财政部《关于进一步健全完善基层水利服务体系的指导意见》

10. 中央财政《补助中西部地区、贫困地区公益性水利工程维修养护经费使用管理暂行办法实施细则》
11. 中央财政《小型农田水利重点县建设验收暂行办法》
12. 水利部《关于加强中小型公益性水利工程建设项目法人管理的指导意见》
13. 财政部、水利部《关于进一步加强小型农田水利重点县建设管理工作确保如期实现重点县建设目标的意见》
14.《分散式饮用水水源地环境保护指南（试行）》
15.《小型水库安全管理办法》
16. 2010 年中央财政《小型农田水利设施建设补助专项资金项目立项指南》
17. 财政部、水利部《小型农田水利重点县建设资金绩效考评暂行办法》
18. 中央财政《小型农田水利设施建设和国家水土保持重点建设工程补助专项资金管理办法》
19. 中央财政《小型农田水利重点县建设管理办法》
20. 财政部、水利部《关于实施中央财政小型农田水利重点县建设的意见》
21. 2009 年中央财政《小型农田水利工程建设补助专项资金项目立项指南》
22.《小型农田灌排工程运行维护费用测算办法（试行）》
23.《关于完善小型农田水利民主议事制度的意见》
24. 2006 年《小型农田水利工程建设补助专项资金项目立项指南》
25. 中央财政《小型农田水利工程建设补助专项资金管理办法（试行）》
26. 中央财政《小型农田水利工程设施建设"民办公助"专项资金管理试点办法》
27.《小型农村水利工程管理体制改革实施意见》

其中，对农村小型水利政策给予集中系统阐述的是 2011 年中央 1 号文件《中共中央、国务院关于加快水利改革发展的决定》，2011 年中央 1 号文件对农村小型水利做出的相关政策阐述包括以下内容：

一是明确提出"加快推进小型农田水利重点县建设，支持山丘区小水窖、小水池、小塘坝、小泵站、小水渠等'五小水利'工程建设"。

二是明确提出"加快中小河流治理和小型水库除险加固，尽快消除水库安全隐患，恢复防洪库容，增强水资源调控能力。以县域为单元，尽快建设一批中小型水库、引提水和连通工程，支持农民兴建小微型水利设施，显著提高雨洪资源利用和供水保障能力，基本解决缺水城镇、人口较集中乡村的供水问题。积极推进集中供水工程建设，提高农村自来水普及率"。

三是明确提出"采取小流域综合治理、淤地坝建设、坡耕地整治、造林绿化、生态修复等措施，有效防治水土流失。实施农村河道综合整治，大力开展生态清洁型小流域建设"。

四是明确提出"积极开展水电新农村电气化县建设和小水电代燃料生

态保护工程建设，搞好农村水电配套电网改造工程建设"。

五是明确提出"深化小型水利工程产权制度改革，明确所有权和使用权，落实管护主体和责任，对公益性小型水利工程管护经费给予补助，探索社会化和专业化的多种水利工程管理模式"。

六是明确提出"以乡镇或小流域为单元，健全基层水利服务机构，强化水资源管理、防汛抗旱、农田水利建设、水利科技推广等公益性职能，按规定核定人员编制，经费纳入县级财政预算，大力发展农民用水合作组织"。

2011 年中央 1 号文件的政策阐述表明，水利设施薄弱仍然是国家基础设施的明显短板，而农村小型水利设施及其建设与管护投入的历史欠账更是造成"最后一千米"不畅通和"短板效应"的突出因素和主要环节。同时，也与我国县域乡村治水机制不健全和能力不足密切相关。

（二）改革开放以来我国农村小型水利政策的变迁

改革开放以来，从改革历程、概念内涵、价值理念和目标导向看，农村小型水利政策也发生了具有里程碑意义的历史变迁。第一，逐步实现了从"农田水利"向"农村水利"的变迁；第二，开启了"农村水利"向"民生水利"的变迁；第三，实现了从"分散投入低效建设"向"县域整体规划连片集中投入建设"的变迁；第四，实现了"市场主导"向"政府主导"的变迁；第五，开启了从"重建轻管"向"建管并重"的变迁。具体阐述如下：

1. 实现了从"农田水利"向"农村水利"时代的变迁

新中国成立后至改革开放前，我国农村小型水利建设取得了前所未有的成就，为我国农业和农村发展乃至国家建设做出了重要的贡献。但是，改革开放前的农村小型水利政策主要着眼于"农田水利"建设，国家政策和各级政府对农民生活饮用水很少关注，农村饮水处于农民自发建设的阶段，农民喝的水主要是"天水"或"地水"。新中国成立后的五六十年代，解决农业生产中农田灌溉和排涝等突出问题是国家的主要政策导向，一些地方农民的饮水难问题也是结合蓄、引、提等灌溉工程建设来解决的。同时，改革开放以前农村水土流失防治也处在重点省区试点阶段，政策手段比较单一、政策实施还不规范。从全国范围来讲，改革开放以前国家和各级政府动员农民群众大规模参与的建设主要是传统的农田水利工程。

随着我国政治经济发展及国情、水情的变化，改革开放后农村小型水利政策逐步实现了从"农田水利"向"农村水利"的变迁。这一转变的主要标志包括政府水利工作的及时调整、政府农田水利机构的变革及其职能的增加与转变。[①] 这一转变包括以下三个方面的变迁。

一是1970年至1989年，一些地方存在的农村饮水问题开始受到国家关注，并正式列入政府工作议事日程。为了解决这些农村饮水困难问题，国家采取"以工代赈"和在小型农田水利补助经费中安排专项资金等措施予以支持。这个时期农村饮水解困工作逐步走向规范[②]。同时，1979年，国务院水利部农业局水土保持处的设立开启了我国"农村水利"的时代。1985年水利部"农田水利司"更名为"农村水利司"。1986年11月，农村水利司改名为"农村水利水土保持司"，水土保持工作得到进一步加强。

二是1990年以后，我国解决农村饮水困难问题上升并被纳入了正式的国家规划范围予以解决[③]，一方面包括"以工代赈"资金在内的国家财政资金的投入逐步增加，另一方面也开启了我国科学规划农村水利的时代。1990年以后，我国甘肃省、贵州省、内蒙古自治区还分别实施了"121雨水集流工程""渴望工程""380饮水解困工程"，四川省针对人畜饮水工程建设项目等安排了财政专项资金。全国总共约有2.16亿人的农村饮水困难问题在21世纪到来之前得到解决。同时，1994年至1998年，水利部农村水利司明确增加了保障乡镇供水和农村人畜饮水的职能。1994

---

①　主要依据参见《全国农村饮水安全工程"十一五"规划》关于农村饮水解困历程的阐述和水利部网站关于农业司的职能和历史变迁的介绍。

②　主要依据参见1983年国务院批转的《改水防治地方性氟中毒暂行办法》和1984年批转《关于加快解决农村人畜饮水问题的报告》以及《关于农村人畜饮水工作的暂行规定》等政策文献。

③　主要依据参见《全国农村人畜饮水、乡镇供水十年规划和"八五"计划》以及《国家八七扶贫攻坚计划》等政策文献。

年 1 月，水利部农村水利水土保持司一分为二，分别成立农村水利司、水土保持司。

三是我国跨入 21 世纪以来，随着党的十六大的胜利召开和党的重大战略思想"科学发展观"的提出，各级政府及有关涉水的政府部门调整农村治水的工作思路，农村饮水解困工作受到高度重视。随着《全国解决农村饮水困难"十五"规划》和《2005—2006 年农村饮水安全应急工程规划》的有效实施，"'十五'期间，国家实施了饮水解困、氟砷改水、应急抗旱等农村饮水工程建设项目，中央共安排国债专项资金 117 亿元，地方和群众筹资 105 亿元，解决了 6722 万农村人口的饮水问题"[①]。此外，我国从改革开放前的"农田水利"时代向改革开放后的"农村水利"时代推进，与我国整个改革开放的进程密切联系，水利部门、有关地方政府、全国爱委会、全国妇联等组织与世界银行、联合国儿童基金会、英国 DFID 等国际非政府组织的合作，包括国土资源部门在西部开展的有关工作，加快了我国饮水困难问题的解决。从此，"结束了我国农村严重缺乏饮用水的历史，农村饮水工作进入了以保障饮水安全为中心的新的历史阶段"[②]。

2. 开启了从"农村水利"向"民生水利"时代的变迁

农村水利发展走向"民生水利"时代是水利部门和地方政府贯彻落实科学发展观的必然要求，从党中央"十一五"规划建议的总体部署到国家"十一五"规划纲要关于"加快实施农村饮水安全工程"的总体要求，以及《全国农村饮水安全工程"十一五"规划》的制定和实施，再到党的十七大报告明确提出"加快推进以改善民生为重点的社会建设"和"着力保障和改善民生"。因此，"民生"问题越来越成为各级政府及政府部门、媒体和专家学者高度关注和研究的重要问题，也成为各级政府及政府部门探索和推动社会经济发展实践的重要内容。下面分三个阶段阐述民生水利时

---

① 张舜禹：《农村饮水安全问题研究——以基本公共服务均等化的视角分析》，《知识经济》2011 年 9 月；张汉松：《关于农村供水发展的几点思考》，《中国农村水利水电》2011 年 12 月。

② 根据《全国农村饮水安全工程"十一五"规划》的回顾阐述。

代的开启。

首先，"民生水利"是水利部门在学习贯彻党的十七大精神过程中形成的概念，并在理论和实践中不断发展，逐步成为水利发展与改革的核心理念和政策实践的重要领域和重大的政策原则。"从 2007 年起水利部党组在学习贯彻党的十七大精神过程中提出了'民生水利'的概念，认为民生水利一般是指饮水安全、防洪、灌溉、农村水电、水利蓄防、水库移民安置和扶持等直接关系群众切身利益的水利问题。2008 年全国水利厅局长会议提出解决好直接关系民生的水利问题，是当前水利工作的重中之重，要求做好以民生水利为重点的各项水利工作，从防汛抗旱、水库除险加固、农村饮水安全、重点工程建设、农田水利、水资源节约保护、水土保持、农村水电等八个方面做出重点部署。"[1]

2009 年陈雷部长在全国水利工作会议上的讲话中分列一个部分专门论述了民生水利发展存在的四大问题，明确提出要"积极推进民生水利新发展"的政策思路，认为"民生水利发展滞后是水利发展阶段特征的突出表现，是传统水利向现代水利、可持续发展水利转变过程中的突出问题。提出要把科学发展观的根本要求与民生水利的具体实践结合起来，以解决人民最关心、最直接、最现实的水利问题为重点，以政府主导、群众参与、社会支持为途径，以构建城乡统筹、区域协调、人水和谐的水利基础设施体系为保障，即解决好直接关系人民群众生命安全、生活保障、生存发展、人居环境、合法权益等方面的民生水利问题，努力形成保障民生、服务民生、改善民生的水利发展格局，使人人共享水利发展与改革成果"。同时指出，"民生水利发展是一个动态的、系统的、长期的过程，具有阶段性、公共性、差别性、综合性等特征，要求牢固树立以人为本的理念，把群众呼声作为第一信号，把群众利益作为首要目标，把群众需求放在优先领域，把群众满意作为根本标准，要求水利工作要在防灾减灾、水利建

---

[1] 杨德瑞、姜南、马超：《关于推进民生水利深入发展的思考和建议》，《中国水利》2014 年 2 月。

设、水利管理、水利改革中突出民生。"①

2010 年，全国水利厅局长会议明确提出，"水利工作与民生息息相关，不能简单地把民生水利局限于某些具体工程项目上。强调民生水利，旨在树立一种发展理念，倡导一种价值取向，确立一种实践要求，实现一种目标追求。阐述了民生水利的发展目标、工作重点、工作方法。民生水利的目标是实现水利基本公共服务均等化，让最广大人民群众共享水利发展成果。工作重点是解决事关人民群众生命、生活、生产、生态和权益保障等切身利益的水利问题。方法是统筹兼顾、重心下移，坚持走群众路线，把群众受益与否、满不满意作为衡量工作的基本标准。至此，从领域到理念，对民生水利的认识有了一个质的飞跃。"②

第二，特别重要的是，2011 年中央 1 号文件作为我国新时期治水兴水政策顶层设计的总规划和总蓝图，首先从水利改革发展指导思想的高度提出了"要突出加强薄弱环节建设，大力发展民生水利"。同时，还从水利改革发展基本原则的高度明确提出"坚持民生优先，着力解决群众最关心、最直接、最现实的水利问题，推动民生水利新发展"。同年 7 月，中央召开了水利工作会议，对贯彻落实 2011 年中央 1 号文件进行了全面部署，"在同年召开的中央水利工作会议上也对民生水利进行深刻阐述，指出治水兴水是保障和改善民生的重要途径，要坚持把能让群众直接受益的基础设施作为水利建设优先领域，把保障人民生命安全和饮水安全放在防汛抗旱工作首位，把维护人民基本需求和合法权益放在水利管理和改革的突出位置；强调安全饮水是群众的基本需要，解决好这个问题是改善民生的基本内容，也是衡量水利改革发展成效的基本标志。党的十八大提出把保障和改善民生放在更加突出的位置。多谋民生之利，多解民生之忧，确

---

① 杜栋、蒋亚东、庞庆华：《基于服务管理视角构建民生水利创新体系》，《中国农村水利水电》2011 年 7 月；杨德瑞、姜南、马超：《关于推进民生水利深入发展的思考和建议》，《中国水利》2014 年 2 月。

② 杜栋、蒋亚东、庞庆华：《基于服务管理视角构建民生水利创新体系》，《中国农村水利水电》2011 年 7 月；杨德瑞、姜南、马超：《关于推进民生水利深入发展的思考和建议》，《中国水利》2014 年 2 月。

立了全面建成惠及十几亿人口的更高水平小康社会的宏伟目标，同时把水利摆在生态文明建设的突出位置，赋予水利新内涵，在水资源节约保护管理、水利基础设施建设、水利改革创新等方面做出一系列重要部署。2013年年初，习近平总书记在甘肃考察期间强调'民生为上，治水为要'。李克强总理在2013年'两会'答记者问时提出'民之所望，施政所向'。可以看出，树立民生水利理念、推进民生水利新发展，已成为党和国家有关水利发展的重大原则和政策指向"①。

第三，《水利发展规划（2011—2015年）》进一步确立了"坚持以人为本，保障改善民生"的水利发展基本原则，提出"把保障和改善民生作为水利工作的根本出发点和落脚点，着力解决群众最关心、最直接、最现实的水利问题，加快水利基本公共服务能力建设，保障城乡居民饮水安全和防洪安全，改善生活生产条件和人居环境，推动水利基本公共服务均等化，使水利发展成果更好地惠及全民"。

2011年中央1号文件和《水利发展规划（2011—2015年）》还在各个部分和从各方面就推进农村小型水利发展改革进行了部署，突出了农村小型水利政策在解决民生水利问题的重要地位，反映我国治水兴水到了进村入户的精准化、小型化时期。上述文件和规划从加快推进小型农田水利重点县建设、支持"五小水利"建设、加快小流域治理和小型水库除险加固、支持农民兴建小微型水利设施、小流域综合治理、大力开展清洁小流域建设、深化小型水利工程产权改革、以乡镇和小流域为单元健全基层水利服务体系等方面明确了小型水利改革发展的目标任务和发展方向。

3. 实现从"市场主导"向"政府主导"的变迁

人类社会跨入21世纪以来，"我国小型农村水利工程存在的所有者主体缺位、部分工程管护责任不明、工程老化失修、经营管理不善、效益衰减等问题日趋突出，直接影响到工程效益的正常发挥"②。

---

① 杨德瑞、姜南、马超：《关于推进民生水利深入发展的思考和建议》，《中国水利》2014年2月。
② 参见《小型农村水利工程管理体制改革实施意见》。

正是在此背景下，我国农村小型水利管理体制改革于 2003 年开始在水利部层面启动，其标志性的政策文献是水利部根据《水利工程管理体制改革实施意见》制定和发布的《小型农村水利工程管理体制改革实施意见》。该文献明确界定，"小型农村水利工程主要指灌溉面积 1 万亩、除涝面积 3 万亩、库容 10 万立方米、渠道流量 1 立方米每秒以下的水利工程和农村供水工程"。该政策文献指出在当时环境条件下推进农村小型水利改革的意义，特别肯定了新中国成立以来，在各级政府的组织动员下通过广大农民投资投劳共同兴建的超过 2000 万处小农水利工程，对全国各地农村抗御水旱灾害、改善生产生活条件和促进当地农村经济社会发展起到了重要作用。

同时，从改革的目标、基本原则、改革的任务和改革内容看，市场导向是 2003 年水利部启动当时条件下农村小型水利改革的主导性意见。强调"逐步建立适应社会主义市场经济体制和农村经济发展要求的工程管理体制和运行机制"，强调"采用承包、租赁、拍卖、股份合作等灵活多样的方式，搞活经营权"，强调供水价格改革，强调实行"谁投资、谁所有、谁受益、谁负担"的原则。

"农村税费改革以来，国家致力于建立多元化、多层次的小农水建设与管护投入机制的探索阶段。2003 年，统一规定的农村义务工和劳动积累工制度基本取消，农民在农田水利建设中的投劳集资数量大幅度减少，农田水利投入出现较大缺口。2005 年以来，尽管政府和市场都增加了一些投入，但增加投入的绝对量仍未完全弥补农民投劳大幅减少的缺口。"①

从农村小型水利改革结果看，2003 年确定 3—5 年内完成农村小型水利改革的目标没有如期实现，当时的改革主要还是个别地方市场改革过程中自主探索性的改革。从改革实践看，由国务院体改办 2002 年制定、由国务院办公厅转发的《水利工程管理体制改革实施意见》是当时水利改革

---

① 国研中心"完善小型农田水利建设和管理机制研究"课题组：《国外小型农田水利建设如何筹钱》，《中国经济时报》2011 年 7 月 22 日，见 http://www.sina.com.cn。

实施的重要任务。可以说，十多年来，与小水利管理体制改革相对应的大水利管理体制改革是当时的重要任务，当时大水利改革任务更显迫切一些，中国的大水利改革与小水利改革没有同步进行，水利管理体制改革是从大水利管理最先着手的。

"由于农村小型水利具有基础性、公益性的特点，决定了政府应承担更多的责任。小型农村水利的公益性特点决定了投入责任主体应以政府为主，农民投入原则上以投劳为主。要充分发挥各级政府的主导作用和公共财政投入的主渠道作用，加大部门之间的协调配合力度，建立公共财政投入稳定增长机制；合理划分中央、省、市、县四级主体在农田水利建设中的事权，实现资金投入的多层次；创新小型农田水利建设的投融资方式，通过财政以奖代补、奖补结合以及优惠贷款、财政贴息等方式，引导、带动社会资金加大对小型农田水利的投入，实现资金来源的多渠道。"①

在 2003 年启动改革的基础上，时隔十年之后，2013 年水利部和财政部联合制定并发布了《关于深化小型水利工程管理体制改革的指导意见》。这份关于深化小农水改革的政策文件，"深化"的内容是全方位的，改革不仅真正体现了深层次性，而且体现了高层次性。

首先，从制定和发文单位来看，是水利部和财政部联合发文，体现了国家公共财政开始主导农村小型水利改革，农村小型水利改革从水利专业部门的改革引导上升到国家公共治理层面主导。

其次，从改革的指导思想看，这次改革一是坚持"以科学发展观为指导，全面贯彻落实《中共中央、国务院关于加快水利改革发展的决定》（中发〔2011〕1 号，简称"2011 年中央 1 号文件"）和中央水利工作会议精神"；二是在"明晰工程产权，落实管护主体和责任"同时，提出"对公益性小型水利工程管护经费给予（公共财政）补助"。

第三，从改革基本原则看，除了坚持"权责一致"和"因地制宜"原

---

① 国研中心"完善小型农田水利建设和管理机制研究"课题组：《国外小型农田水利建设如何筹钱》，《中国经济时报》2011 年 7 月 22 日，见 http：//www．sina．com．cn。

则之外，还提出改革要坚持"政府主导"的原则，强调要"强化政府责任，加强组织领导，调动各方积极性，综合推进改革"。同时，提出了改革要坚持"突出重点"的原则，强调"重点解决管护主体、管护责任和管护经费等问题"。

第四，改革的范围和内容更加深入、细致和全面。从改革范围看，除单一农户自建自用的小型水利工程不纳入此次改革范围外，县级及以下管理的小型水利工程全面纳入改革范围，充分体现从水源头到水龙头和田间地头的全过程改革，体现了坚决打通"最后一千米"梗阻的改革气魄。同时，产权改革要求除了坚持按照"谁投资、谁所有、谁受益、谁负担"的原则之外，还强调要"结合基层水利服务体系建设、农业水价综合改革的要求，落实小型水利工程产权"。

4. 实现了从"分散投入低效建设"向"县域整体规划连片集中投入建设"的变迁

2009 年财政部、水利部《关于实施中央财政小型农田水利重点县建设的意见》明确提出："针对我国小型农田水利设施普遍老化失修、效益衰减的问题，2005 年中央财政设立了小型农田水利工程建设补助专项资金，以'民办公助'方式支持各地开展小型农田水利建设，取得了一定成效。但是，由于诸多原因，我国小型农田水利设施建设标准低、工程不配套、老化破损严重，以及管理体制与运行机制改革滞后等问题仍然十分突出。为了加快小型农田水利建设步伐，从 2009 年起必须集中资金投入，连片配套改造，以县为单位整体推进，开展小型农田水利重点县建设，实现小型农田水利建设由分散投入向集中投入转变、由面上建设向重点建设转变、由单项突破向整体推进转变、由重建轻管向建管并重转变，彻底改变小型农田水利设施建设严重滞后的现状，提高农业抗御自然灾害的能力，为保障国家粮食安全奠定坚实基础。各地要高度重视县级农田水利建设规划编制工作，所有涉及农田水利的建设项目都应以县级农田水利规划为指导，并将县级农田水利规划作为国家安排补助投资的重要依据。未编制县级农田水利建设规划或对规划编制工作不重视的县，不列入重点县建设范围。"①

5. 开启了从"重建轻管"向"建管并重"的变迁

"20 世纪 90 年代中后期，在世界银行等贷款项目中，借鉴国外做法和经验，开始了用水户参与灌溉管理和建立农民用水协会试点工作。2005年 11 月，水利部、发展改革委、民政部联合颁布《关于加强农民用水户协会建设的意见》，农民用水户协会在部分地区由试点逐步推广。这一改革对于改善和加强小型农田水利基层管理组织，提高农民参与农村水利建设与管理的积极性起到了初步的作用。"②

2009 年财政部、水利部《关于实施中央财政小型农田水利重点县建设的意见》和 2013 年水利部、财政部《关于深化小型水利工程管理体制改革的指导意见》也推动了全国范围内新一轮小型水利工程管理体制改革的实践，开启了农村小型水利建设从"重建轻管"向"建管并重"的变迁。

2009 年财政部、水利部《关于实施中央财政小型农田水利重点县建

---

① 参见 2009 年财政部、水利部《关于实施中央财政小型农田水利重点县建设的意见》，中央财政小型农田水利重点县建设的主要任务：以现有小型农田水利工程和大中型灌区末级渠系的配套改造为主，因地制宜建设高效节水灌溉工程，适度新建小微型水源工程。各地要结合实际情况，在搞好分类建设管理的基础上，突出建设重点，增设示范效应。建设适度规模的高效节水灌溉示范片、现代化灌排渠系示范片、雨水集蓄利用示范片、末级渠系节水改造（结合水价改革）示范片等若干不同类型的示范片。主要目标：在全国范围内分批次分阶段开展小型农田水利重点县建设，使每一个重点县经过若干年建设，基本完成县域内主要小型农田水利工程配套改造，基本形成较为完善的灌排工程体系，基本实现"旱能灌、涝能排"，达到农业生产条件明显改善、农业综合生产能力明显提高、抗御自然灾害能力明显增强的效果。在重点县建设任务完成后，要使县域内有效灌溉面积占耕地面积的比重提高 10％—15％或达到 60％以上；节水灌溉面积占有效灌溉面积提高 15％或达到 50％以上，其中高效节水灌溉面积提高 5％或达到 23％；纯井灌区的管道输水灌溉、喷灌、微灌工程面积占该区节水灌溉工程面积比例达 80％以上；高效农业区的喷灌、微灌工程面积占该区工程面积比例达到 50％以上；井灌区灌溉水利用系数平均不低于 0.75；渠灌区灌溉水利用系数（大中型渠灌区斗口以下、小型灌区渠首以下）缺水地区平均不低于 0.65，丰水地区平均不低于 0.55；全县粮食综合生产能力提高 10％以上；缺乏灌溉条件的山丘区和灌区的高岗地，通过新建小型水源工程发展补充灌溉，基本解决农民口粮问题；着力推进工程产权制度改革和以用水户参与灌溉管理为重点的管理体制与运行机制改革。

② 水利部农村水利司中国灌溉排水发展中心：《农村水利改革 30 年回顾与展望》，2008 年 7 月。

设的意见》明确要求：由"重建轻管"向"建管并重"转变。同时，强调："小型农田水利建设重点县，要按照'统一规划，分步实施'和'建一片，成一片，发挥效益一片'的原则，以保障国家粮食安全和农产品有效供给为目标，以工程配套改造和管护机制改革为手段，以各级财政小型农田水利工程建设补助专项资金为引导，通过资金整合、集中投入、整体推进战略，迅速提升小型农田水利建设水平和管护水平，全方位推动小型农田水利基础设施建设实现跨越式发展，进而提高水分生产率和土地生产率，增加农民收入，改善农村生态环境，为全面建设小康社会和建设社会主义新农村提供基础保障。"①

2013 年水利部和财政部《关于深化小型水利工程管理体制改革的指导意见》提出的改革目标更加明确、含义更加丰富而深刻，本次改革追求改革目标与改革的使命、目的和改革结果的高度一致，改革目标的阐述更具有科学性，反映了政策制定的水平更高。同时，改革要建立的"小型水利工程管理体制和良性运行机制"的内涵界定和目标体系更加科学，层次更加清晰和明确。

从前后两次改革目标的阐述看，显著的不同点在于从强调"适应社会主义市场经济体制"到强调"适应我国国情、水情"，反映了新时期小农水改革更具有新气象、更具有科学性。②

---

① 参见 2009 年财政部、水利部《关于实施中央财政小型农田水利重点县建设的意见》。

② 2003 年改革目标的阐述：通过改革，力争在 3—5 年内，全面完成现有小型农村水利工程的管理体制改革，逐步建立适应社会主义市场经济体制和农村经济发展要求的工程管理体制和运行机制；以明晰工程所有权为核心，建立用水户协会等多种形式的农村用水合作组织，投资者自主管理与专业化服务组织并存的管理体制；以建立良性运行机制为重点，采用承包、租赁、拍卖、股份合作等灵活多样的方式，搞活经营权，落实管理权；以《水利工程供水价格管理办法》为依据，在充分考虑供水成本和用户承受能力的基础上，合理确定非自用工程供水价格。2013 年改革目标的阐述：到 2020 年，基本扭转小型水利工程管理体制机制不健全的局面，建立适应我国国情、水情与农村经济社会发展要求的小型水利工程管理体制和良性运行机制；建立产权明晰、责任明确的工程管理体制；建立社会化、专业化的多种工程管护模式；建立制度健全、管护规范的工程运行机制；建立稳定可靠、使用高效的工程管护经费保障机制；建立奖惩分明、科学考核的工程管理监督机制。

三、农村小型水利改革发展均等化的政策战略与评估框架

农村小型水利改革发展均等化评估是政策战略层面的评估，旨在对农村小型水利改革发展的战略实施进行监控，并对政策战略实施的均等化绩效进行系统评估，对政策战略进行修正与调整，明确新的政策战略思路。此处在前文讲述的基础上，着重阐述实施农村小型水利改革发展均等化战略的必要性、战略思路、基本举措，构建农村小型水利改革发展均等化战略评估框架，深入阐述国家均等化战略的提出、变迁与重大意义。

（一）实施农村小型水利改革发展均等化战略的必要性

农村小型水利是我国水利的薄弱环节，是当前农村基本公共服务及其均等化领域的"短板"，是农村居民最关心、最直接、最现实的民生问题。如何加快农村小型水利改革发展，补齐发展和政策"短板"就显得尤为必要。

我国通过长期努力，特别是通过国家"十一五""十二五"发展规划以及新农村建设等政策战略举措的实施，农村义务教育、合作医疗、计划生育、就业、居住、养老和文化服务等农村基本公共服务的提供逐步朝着均等化的方向加速迈进，电力、电话、交通、电信、网络等农村现代基础设施基本实现了"村村通"，均等化的程度达到了一定的标准。而在这个过程中，关系"村村通（自来）水"的农村小型水利设施成为影响农村居民生活用水、口粮生产和卫生健康的严重问题，一直是农村发展的"短板"，成为影响农村美、农业强、农民富的现代"三农"问题和事关全面建设成小康社会目标实现的薄弱环节。

（二）农村小型水利改革发展均等化的战略思路与基本举措

农村小型水利改革发展均等化问题是农村小型水利改革发展的政策战略和基本原则问题。要明确农村小型水利改革发展均等化的战略思路，就要在我国水利改革发展总体战略和基本原则的基础上不断完善，达到精准施策的效果。

2011 年中央 1 号文件《中共中央、国务院关于加快水利改革发展的

决定》强调要坚持五项水利改革发展的基本原则。"一要坚持民生优先。着力解决群众最关心、最直接、最现实的水利问题，推动民生水利新发展。二要坚持统筹兼顾。注重兴利除害结合、防灾减灾并重、治标治本兼顾，促进流域与区域、城市与农村、东中西部地区水利协调发展。三要坚持人水和谐。顺应自然规律和社会发展规律，合理开发、优化配置、全面节约、有效保护水资源。四要坚持政府主导。发挥公共财政对水利发展的保障作用，形成政府社会协同治水兴水合力。五要坚持改革创新。加快水利重点领域和关键环节改革攻坚，破解制约水利发展的体制机制障碍。"党的十八大以来，习近平总书记就保障国家水安全发表重要论述，明确提出"节水优先、空间均衡、系统治理、两手发力"的新时期水利工作方针①。

在学习中央系列重大水利政策和水资源环境政策的基础上，本课题提出了农村小型水利改革发展均等化的战略思路：一要坚持普惠性与共享性，促进县域各乡镇和各村庄之间小型水利资源的均衡配置与发展，提高政策项目的村镇覆盖面和受益率；二要坚持各地大、中、小型水利的协调发展，空间均衡布局和系统治理；三要坚持区分各级政府均等化发展的责任和基层治水能力的提升及长效机制的构建，促进农村小型水利服务均等化，健全农村基层治水体系。

农村小型水利服务均等化，目前还不是一个已有明确界定的政策术语。

本课题对农村小型水利服务均等化的界定：特指在现有水利政策项目点状分布和受益率不高的情况下，促进村镇和村庄居民之间共同享有取水、供水、用水和排水等民生水利服务，确保各类小型水利建设投资与财政转移支付的公平性。本课题认为，农村小型水利服务均等化、农村水利基本公共服务均等化与农村民生水利服务均等化具有相同的涵义，归根结

---

① 王志兴：《黑龙江省水利发展"十三五"规划思路探讨》，《黑龙江水利科技》2015 年 9 月。

底是由水利改革发展的战略与政策决定的①。

农村水利基本公共服务属于基础设施和环境保护等广义领域的基本公共服务，在《国家环境保护"十二五"规划》《水利发展规划（2011—2015年）》《全国农村饮水安全"十二五"规划》等专项规划中都有阐述。

比如，《国家环境保护"十二五"规划》就在规划的基本原则中明确："坚持环保惠民，促进和谐。坚持以人为本，将喝上干净水、呼吸清洁空气、吃上放心食物等摆在更加突出的战略位置，切实解决关系民生的突出环境问题。逐步实现环境保护基本公共服务均等化，维护人民群众的环境权益，促进社会和谐稳定。"

《水利发展规划（2011—2015年）》在规划的基本原则中明确："坚持以人为本，保障改善民生。把保障和改善民生作为水利工作的根本出发点和落脚点，着力解决群众最关心、最直接、最现实的水利问题，加快水利基本公共服务能力建设，保障城乡居民饮水安全和防洪安全，改善生活生产条件和人居环境，推动水利基本公共服务均等化，使水利发展成果更好地惠及全民。"

表1—4　农村水利基本公共服务与其他基本公共服务的区别和联系

	农村水利基本公共服务	其他基本公共服务
不同点	服务类别，提供部门，管理与需求有自然属性与社会属性之别	
相同点	政府主导提供，实行均等化原则，需要健全的标准和体系，提供方式可多元化	
联系	水利基本公共服务的不足将制约其他方面基本公共服务的提供	

---

① 《国家基本公共服务体系"十二五"规划》明确界定："基本公共服务，指建立在一定社会共识基础上，由政府主导提供的，与经济社会发展水平和阶段相适应，旨在保障全体公民生存和发展基本需求的公共服务。享有基本公共服务属于公民的权利，提供基本公共服务是政府的职责。基本公共服务标准，指在一定时期内为实现既定目标而对基本公共服务活动所制定的技术和管理等规范。基本公共服务均等化，指全体公民都能公平可及地获得大致均等的基本公共服务，其核心是机会均等，而不是简单的平均化和无差异化。基本公共服务体系，指由基本公共服务范围和标准、资源配置、管理运行、供给方式以及绩效评价等构成的系统性、整体性的制度安排。"

农村水利基本公共服务均等化，既要通过规模化的大、中型水利措施实现，又要通过农村小型水利措施实现。但是，受大、中型水利发展条件和各地自然与社会经济发展差异的制约，农村小型水利的均等化发展越来越成为实现我国农村民生水利服务均等化的有效措施。

（三）农村小型水利改革发展均等化的战略评估框架

在上述研究的基础上，我们尝试构建一个比较系统的农村小型水利改革发展均等化战略评估框架，见表1-5。课题研究认为，农村小型水利改革发展均等化战略评估框架，既要包括政策制度与改革层面的评估，也要包括投资建设与发展层面的评估；既要从宏观层面对全国各区域和各省域的改革发展进行评估，也要从中观层面对省域内部发展与改革执行进行评估，更要从微观层面对县域内各乡镇和各村庄之间的改革发展进行评估。

表1-5 农村小型水利改革发展均等化战略评估框架

评估层次	评估对象	评估指标	评估方法
宏观	区域和省域	农村小型水利政策及其变迁，农村小型水利发展均等化评价指标体系（见表1-6）	政策与宏观统计数据分析
中观	省域内	发展指标，政策项目覆盖率，政策项目的投入—产出—效益，执行机制及执行模式等	案例分析与评估
微观	县域内各乡镇、各村庄	农村饮水安全保障，村庄灌排与防灾保障，水利设施的新建与改善，村民对新建水利设施的满意度，水利设施的管护与改革，村民对水费收取的满意度，村庄水环境治理与改善等	问卷调查，座谈与访谈，实地观察等

从宏观层面，根据指标体系构建需要考虑的系统性、代表性、可比性、数据的可获得性以及可操作性原则，选取小型水利建设投资、农村饮水安全和村庄水利灌溉等三个方面共23个指标，构建了农村水利发展均等化评价指标体系，见表1-6，结合统计数据从宏观层次对31个省级行政区进行单项评价和综合评估。

从中观层面，将对省域内均等化与地方改革执行典型案例，主要从发展指标、政策项目覆盖率、政策项目的投入—产出—效益、执行机制及执行模式等方面进行评估。

从微观层面，将以镇村基层干部群众为调查对象，从农村饮水安全保障、村庄灌排与防灾保障、水利设施的新建与改善、村民对新建水利设施的满意度、水利设施的管护与改革、村民对水费收取的满意度、村庄水环境治理与改善等七个方面设计问卷，调查评估农村小型水利改革发展均等化的程度。

表 1-6 农村小型水利发展均等化评价指标体系

指标类别	指标属性	指标	指标个数
水利投资	总额指标	小型水利建设投资完成额	2
	人均及协调性指标	人均小型水利投资完成额	2
		人均水利建设投资完成额	1
	地均及协调性指标	单位国土面积小型水利投资完成额	2
		单位国土面积水利建设投资完成额	1
饮水安全	受益住户指标	获取饮用水困难住户的比例	1
		使用入户管道水住户的比例	1
		使用净化水住户的比例	1
	受益人口指标	农村集中供水受益人口的比例	1
		农村饮水安全受益人口的比例	1
村庄灌溉	基础性水利设施指标	灌溉无水源村所占百分比	1
		水利无资金投入村所占百分比	1
		在正常年景时用水有保障村所占百分比	1
		有能够使用的灌溉用水塘和水库的村所占百分比	1
		有机电井的村所占百分比	1
		有排灌站村所占百分比	1
	耕地灌溉受益指标	乡村人均耕地灌溉面积	1
		耕地灌溉面积占耕地面积的比值	1
		机电灌溉面积占耕地灌溉面积的比值	1
		各地节水灌溉面积占灌溉面积的比值	1

（四）我国均等化战略的提出、变迁与重大意义

均等化政策战略从何而来？或者说我国"十一五"规划以来为什么要坚持均等化发展？对这两个相关问题的回答是本课题选择均等化理论视角研究农村小型水利政策改革的立论基础。

一般认为，相对公平地使用并消费基本公共服务是公民的基本权利。同时，实现基本公共服务均等化也是调整收入分配的重要工具，基本公共服务不平等享有可能对地区经济增长、收入差距、地区生产率、居民消费乃至社会的和谐稳定产生不利影响，甚至更严重的社会对立[1]。

目前具体针对我国从"坚持效率优先、兼顾公平"到"更加注重公平"和"均等化"的范式转换及议程设置的考察，政治学界主要有两种不同视角的理论解释：一是受西方学者启发[2]，王绍光提出用六种案例模式中的"外压模式"解释决策者因受到公众和外部舆论压力而推动了议程的设置和政策范式的根本转换[3]；二是刘志昌研究提出的"均等化＝政治＋经济＋社会＋文化"的综合理论模型，并结合西方经济学家西蒙·史密斯·库兹涅茨（Simon Smith Kuznets）提出的倒"U"假说，试图解释我国基本公共服务均等状况演变的内在逻辑[4]。

本课题研究认为，我国从"坚持效率优先、兼顾公平"到坚持"均等化"这一重大战略转变，具有历史必然性和深远的现实意义，也与中国特色公共决策机制密切相关。

我国公共政策的顶层设计，单从对决策起关键作用的内在机制看，主要包含三重决策机制：一是执政党，即中共中央层面的决策机制；二是国务院，即政府层面的决策机制；三是最高权力机关层面，即全国人民代表大会的决策机制。一些重大政策战略和国计民生政策一般先在中共中央层

---

① 卢洪友等：《中国基本公共服务均等化进程报告》，人民出版社 2012 年版，第 4 页。
② ［加］迈克尔·豪利特、M. 拉米什：《公共政策研究：政策循环与政策子系统》，庞诗等译，生活·读书·新知三联书店 2006 年版，第 194 页。
③ 王绍光：《中国公共政策议程的设置模式》，《中国社会科学》2006 年第 5 期。
④ 刘志昌：《中国基本公共服务均等化的变迁与逻辑》，中国社会科学出版社 2014 年版。

面进行顶层设计，再在国务院层面进行决策规划方案的再设计，然后通过国家最高权力机关（即全国人民代表大会）形成合法性和最高效力的决策，之后再通过国务院和政府及政府部门进行实施。当然，政策的决策并非是自上而下、单向线性传递的，也会存在多种形式的上下互动机制。此外，还包括政治协商层面，即全国政协会议的协商机制，也包括国务院部门规章等政策形成机制。上述三大决策机制形成的决策成果一般以会议决议、决定、意见和政府工作报告、发展规划以及法律法规的文本形式呈现，并向地方和公众发布。因此，就理论研究而言，认真学习与仔细分析这些重大政策文献，对我们正确把握国家政策战略决策的历史逻辑、实践逻辑与理论逻辑的统一，更显弥足珍贵。

下面主要以改革开放以来，中共中央全会和全国人民代表大会批准通过的政策文献为主要分析对象，分析我国公共服务均等化决策的理论依据、实践依据、历史过程及变迁动力，分析重点在于发现这些理论依据、实践依据的内在联系和历史阶段及过程的不可分割性及其必然性。

通过分析，主要得出以下四点初步认识。

1. 均等化战略是我国公共服务改革的理论与实践共识

均等化战略，特别是推进基本公共服务均等化的政策是在我国政府及公共服务改革进程中逐步形成的重大战略举措，也是政府行政体制改革和政府职能转变的结果。改革开放以来至今，我国政府及公共服务改革先后经历了四个历史阶段，其中第三个阶段中，推进基本公共服务均等化成为我国公共服务改革的理论与实践共识。

改革开放至 1997 年十五大召开之前是第一个阶段。这个阶段先后实施和经历了 1982 年、1988 年和 1993 年三次国务院机构改革。1982 年的改革主要是政府领导制度改革，也可以说是对政府层面的决策机制进行了更加精干有效的改革，同时精简了机构、下放了部分权力，但还没有提出转变政府职能的概念。从 1988 年政府机构改革开始，转变政府职能成为贯穿此后历次政府机构改革的核心任务。这个阶段主要从理论和实践上逐渐明确了行政管理体制和机构改革的目标和重点是转变政府职能。1993

年首次提出政府机构改革的目的是适应社会主义市场经济体制的需要，但这个阶段由于理论依据准备不足，对政府职能的界定还不清晰，也没有明确形成政府提供公共服务的职责理念。

1997年十五大召开至2003年十六大以后是第二个阶段。这个阶段经历了1998年和2003年国务院机构改革。1998年国务院机构改革在职能转变上有了重大进展，几乎撤销了所有专业经济部门，第一次明确提出把政府职能切实转变到宏观调控、社会管理和公共服务上。2001年国家"十五"计划纲要对政府提供公共服务进行了阐述，提出政府配置资源的重点要逐步转向为全社会提供充足、优质的公共产品和服务。2002年政府工作报告第一次提出切实把政府职能转到经济调节、市场监管、社会管理和公共服务上。十六大报告确认和强调了政府"四大职能"的表述。2003年机构改革主要加强了政府的监管职能和宏观调控职能。这个阶段主要从理论和实践上越来越明确了公共服务是政府职能。从此，公共服务的理念话语开始成为决策理念并进入政策文本，公共服务不仅明确为政府的主要职能之一，而且其地位以及在政策文本中的权重日渐突出。

十六大之后的2004年至十八大召开前后是第三个阶段。这个阶段经历了2008年政府机构改革。2004年温家宝提出了"建设服务型政府"的口号，强调政府要全面履行"四大职能"，更加注重履行社会管理和公共服务职能。从2005年十六届五中全会起确立了"公共服务均等化原则"。十七大之后的2008年机构改革，围绕转变政府职能和理顺部门职责关系，探索实现部门职能统一的大部门体制，合理控制宏观调控部门的职能，首次提出实现政府职能向创造良好发展环境、提供优质公共服务、维护社会公平正义转变，这一表述在十八大报告中得到再次强调。从十六届五中全会到十八大召开的历次中央全会，从制定和通过的国家"十一五"规划纲要到"十二五"规划纲要和《国家基本公共服务体系"十二五"规划》，建设服务型政府、推进基本公共服务均等化和健全基本公共服务体系成为主要的政策话语和政策文本中着重阐述的内容，也成为我国公共服务改革的战略导向和施政的重要目标，并且政府迅速从区域发展、财政和民生政策等层面实施了推进基本公共服务均等化的战略规划和政策措施。推进基本公共服务均等化是政府必须履行的职责，成为我国公共服务改革的理论与实践共识。

十八大以来是第四个阶段。十八大以来，以习近平同志为总书记的党中央相继提出了中国特色社会主义"五位一体"的总体布局、"四个全面"的战略布局和"创新、协调、绿色、开放、共享"的五大发展理念，均等化政策战略的调整与实施推进到一个新的历史阶段。见表1－7，表1－8，表1－9。

表1－7　中央全会文献：关于公共服务及其均等化的政策变迁

年份	会议名称	文件名称	关于公共服务及其均等化的政策阐述
2002	中共十六大	《全面建设小康社会，开创中国特色社会主义事业新局面》	健全现代市场体系，加强和完善宏观调控。完善政府的经济调节、市场监管、社会管理和公共服务的职能，减少和规范行政审批
2003	十六届三中全会	《中共中央关于完善社会主义市场经济体制若干问题的决定》	完善政府社会管理和公共服务职能，明确中央和地方对经济调节、市场监管、社会管理、公共服务方面的管理责权
2004	十六届四中全会	《中共中央关于加强党的执政能力建设的决定》	要不断提高驾驭社会主义市场经济的能力，集中精力抓好经济调节、市场监管、社会管理和公共服务，这是发展社会主义市场经济、服务人民群众的根本要求
2005	十六届五中全会	《中共中央关于制定国民经济和社会发展第十一个五年规划的建议》	按照"公共服务均等化原则"，加大国家对欠发达地区的支持力度，加快革命老区、民族地区、边疆地区和贫困地区经济社会发展
2006	十六届六中全会	《中共中央关于构建社会主义和谐社会若干重大问题的决定》	建设服务型政府，强化社会管理和公共服务职能，逐步形成惠及全民的基本公共服务体系；完善公共财政制度，逐步实现基本公共服务均等化。加大财政在教育、卫生、文化、就业再就业服务、社会保障、生态环境、公共基础设施、社会治安等方面的投入
2007	十七大	《高举中国特色社会主义伟大旗帜，为夺取全面建设小康社会新胜利而奋斗》	缩小区域发展差距，必须注重实现基本公共服务均等化，引导生产要素跨区域合理流动。健全政府职责体系，完善公共服务体系，推行电子政务，强化社会管理和公共服务
2008	十七届二中全会	《关于深化行政管理体制改革的意见》	建立健全公平公正、惠及全民、水平适度、可持续发展的公共服务体系，推进基本公共服务均等化

年份		文件名称	关于均等化的政策阐述
2008	十七届三中全会	《中共中央关于推进农村改革发展若干重大问题的决定》	把国家基础设施建设和社会事业发展重点放在农村，推进城乡基本公共服务均等化，实现城乡、区域协调发展；尽快在城乡规划、产业布局、基础设施建设、公共服务一体化等方面取得突破
2010	十七届五中全会	《中共中央关于制定国民经济和社会发展第十二个五年规划的建议》	实施区域发展总体战略和主体功能区战略，逐步实现不同区域基本公共服务均等化。着力保障和改善民生，提高政府保障能力，推进基本公共服务均等化
2012	十八大	《坚定不移沿着中国特色社会主义道路前进，为全面建成小康社会而奋斗》	基本公共服务均等化总体实现；完善促进基本公共服务均等化和主体功能区建设的公共财政体系，构建地方税系，形成有利于结构优化、社会公平的税收制度。推动政府职能向创造良好发展环境、提供优质公共服务、维护社会公平正义转变
2013	十八届三中全会	《中共中央关于全面深化改革若干重大问题的决定》	统筹城乡基础设施建设和社区建设，推进城乡基本公共服务均等化
2014	十八届四中全会	《中共中央关于全面推进依法治国若干重大问题的决定》	强化省级政府统筹推进区域内基本公共服务均等化职责，强化县级政府执行职责
2015	十八届五中全会	《中共中央关于制定国民经济和社会发展规划的建议》	坚持创新、协调、绿色、共享发展。推进城乡要素平等交换、合理配置和基本公共服务均等化。促进城乡公共资源均衡配置，健全农村基础设施投入长效机制

资料来源：笔者根据相关政策文件整理。

表1-8 中央1号文件：关于均等化的政策变迁

年份	文件名称	关于均等化的政策阐述
2008	《中共中央、国务院关于切实加强农业基础建设进一步促进农业发展增收的若干意见》	坚持把国家基础设施建设和社会事业发展重点放在农村；切实按照城乡一体化发展的要求，完善各级行政管理机构和职能设置，推进城乡基本公共服务均等化
2013	《中共中央、国务院关于加快发展现代农业进一步增强农村发展活力的若干意见》	按照提高水平、完善机制、逐步并轨的要求，大力推动社会事业发展和基础设施建设向农村倾斜，努力缩小城乡差距，加快实现城乡基本公共服务均等化
2014	《中共中央、国务院关于全面深化农村改革加快推进农业现代化的若干意见》	健全城乡发展一体化体制机制，推进公共服务均等化

续表

| 2015 | 《中共中央、国务院关于加大改革创新力度加快农业现代化建设的若干意见》 | 中国要美，农村必须美。繁荣农村，必须坚持不懈推进社会主义新农村建设。要强化规划引领作用，加快提升农村基础设施水平，推进城乡基本公共服务均等化 |
| 2016 | 《中共中央、国务院关于落实发展新理念加快农业现代化实现全面小康目标的若干意见》 | 推动新型城镇化与新农村建设双轮驱动、互促共进，让广大农民平等参与现代化进程、共同分享现代化成果 |

资料来源：笔者根据相关政策文件整理。

表1-9　全国人大批准的政策文献：关于均等化的政策变迁

年份	文件名称	关于公共服务及其均等化的政策阐述
2001	《中华人民共和国国民经济和社会发展第十个五年计划纲要》	提供公共服务。政府配置资源的重点要逐步转向为全社会提供充足、优质的公共产品和服务
2002	《2002年政府工作报告》	加快政府职能转变……切实把政府职能转到经济调节、市场监管、社会管理和公共服务上来
2003	《2003年政府工作报告》《国务院机构改革方案》的说明	完善政府的经济调节、市场监管、社会管理和公共服务职能
2006	《中华人民共和国国民经济和社会发展第十一个五年规划纲要》	第五篇促进区域协调发展及健全区域协调互动机制，推动形成主体功能区及实行分类管理的区域政策，推进政府职能转变；第十四篇建立健全规划实施机制及调整和完善经济政策
2011	《中华人民共和国国民经济和社会发展第十二个五年规划纲要》	第一篇第四章政策导向；第五篇优化格局促进区域协调发展和城镇化健康发展；第八篇改善民生建立健全基本公共服务体系；第十六篇强化实施实现宏伟发展蓝图等
2016	《中华人民共和国国民经济和社会发展第十三个五年规划纲要》	第一篇第四章发展理念；第九篇推动区域协调发展；第十三篇全力实施脱贫攻坚；第十五篇提高民生保障水平等

资料来源：笔者根据相关政策文件整理。

2. 均等化战略是我国全面建成小康社会的战略举措

历史从来都是在直面问题中展开其波澜壮阔的画卷。从新中国成立后我们在计划经济体制下建立起基本的工业经济体系；到改革开放后，在20世纪八九十年代，我们确立了社会主义初级阶段的基本路线、基本纲领、基本经验，确立了社会主义市场经济制度和分配制度；到21世纪的前十年坚持以人为本、全面协调可持续发展，着力保障和改善民生，促进社会公平正义，形成中国特色社会主义事业总体布局，发展中的突出问题总是与发展的过程相伴而生。① 推进基本公共服务均等化的政策举措，之所以在 21 世纪前十年提出并实施，既是直面 20 世纪八九十年代以来我国在经过市场化改革浪潮洗礼之后社会建设滞后、公共产品和公共服务供给不足、区域和城乡发展差距拉大等系列发展不平衡问题的应对策略，也源于我们对发展理念、发展内涵和发展目的再认识和再实践。

全面建成小康社会是我国实现社会主义现代化和中华民族伟大复兴中国梦的阶段性目标，具有目标统领和目标牵引作用。这一战略目标的确立，是新中国成立以来对发展问题和发展目标多年不懈探索的结果，从提出实现"四个现代化"到"三步走"战略，再到提出全面建设和全面建成小康社会，反映了我党从理论和实践两个层面对国家和政府发展战略与发展目标的确立与实现越来越务实、自信和高效，也反映了中国共产党领导建立和执政的社会主义国家具有强大的战略决策和评估能力。同时，这也与中国公共政策顶层设计的内在制度机制的不断完善密切相关。

"党的十八大提出了到 2020 年全面建成小康社会的奋斗目标，这是我们党向人民、向历史作出的庄严承诺。全面建成小康社会，标志着我们向实现中华民族伟大复兴迈出了至关重要的一步。同时要认识到，作为拥有 13 亿多人口的发展中大国，我国发展仍面临不少困难和挑战，特别是到 2020 年全国 7000 多万农村贫困人口全部脱贫，时间十分紧迫，任务相当繁重。全面建成小康社会，更重要、更难做到的是'全面'。'小康'讲的是发展水平，'全面'讲的是发展的平衡性、协调性、可持续性。习近平总书记强调，如果到 2020 年我们在总量和速度上完成了目标，但发展不平衡、不协调、不可持续问题更加严重，短板更加突出，就算不上真正实现了目标。我国经济社会发展中存在的一些突出问题，是影响如期实现全面建成小康社会目标的重要因素。实现全面建成小康社会奋斗目标，要通过着力转方式解决发展质量和效益问题，通过着力补短板解决发展不平衡

---

① 人民日报评论部：《"四个全面"学习读本》，人民出版社 2015 年版，第 4 页。

问题，努力实现更高质量、更有效率、更加公平、更可持续的发展。"①

3. 均等化战略是贯彻落实中国共产党党章党纲的必然要求

中国共产党是我国的执政党，"党章是党的总章程，集中体现了党的性质和宗旨、党的理论和路线方针政策、党的重要主张，规定了党的重要制度和体制机制"②，必定对我国战略政策的设计起到元政策的功能和作用。所谓元政策，又称"总政策"，是"关于政策的政策"，是"用以指导和规范政府政策行为的一套理念和方法的总称"，基本用途是"如何正确地制定公共政策和有效地执行公共政策"③。

党章、党纲，既是建党兴党的产物，又能通过党的全国代表大会的制度机制汇集全党智慧，与时俱进，及时吸纳和体现党的理论创新和实践发展的成果。十八大通过的党章总纲中明确指出：我国的社会主义建设必须坚持以人为本，"逐步消灭贫穷，达到共同富裕，在生产发展的基础上不断满足人民日益增长的物质文化生活需要，促进人的全面发展"，而且各项工作要做到"有利于提高人民的生活水平"，做到"发展为了人民、发展依靠人民、发展成果由人民共享"，发展成果要体现公平正义和共建、共享的要求和原则，要"以保障和改善民生为重点，解决好人民最关心、最直接、最现实的利益问题，使发展成果更多更公平惠及全体人民"，促进和谐社会构建。"在新世纪新阶段，经济和社会发展的战略目标是，巩固和发展已经初步达到的小康水平，到建党一百年时，建成惠及十几亿人口的更高水平的小康社会；到建国一百年时，人均国内生产总值达到中等发达国家水平，基本实现现代化。"党的建设坚持立党为公、执政为民，坚持全心全意为人民服务，坚持在任何时候把群众利益放在第一位，建设服务型的马克思主义执政党，使我们党始终走在时代前列，成为领导全国人民沿着中国特色社会主义道路不断前进的坚强核心。

---

① 中共中央宣传部：《习近平总书记系列重要讲话读本》，学习出版社、人民出版社 2016 年版。
② 王恩宝：《习近平对毛泽东、邓小平党的制度建设思想的继承与创新》，《领导之友》2016 年1 月。
③ 谢明：《公共政策导论》，中国人民大学出版社 2004 年版，第 17—30 页。

党章还严格规定了党员干部的义务权利和党的各级组织制度与纪律，从组织制度和组织程序上不仅保证了党章和党的思想理论、路线、方针、政策、决定的科学性、合法性和正确性，而且保证其能得到迅速有效的贯彻执行。

4. 均等化战略是贯彻落实我国依宪治国的必然要求

完善以宪法为核心的中国特色社会主义法律体系，加强宪法实施是十八届四中全会提出的明确要求。《中华人民共和国宪法》（2004 年修正）在序言中明确指出："本宪法以法律的形式确认了中国各族人民奋斗的成果，规定了国家的根本制度和根本任务，是国家的根本法，具有最高的法律效力。全国各族人民、一切国家机关和武装力量、各政党和各社会团体、各企业事业组织，都必须以宪法为根本的活动准则，并且负有维护宪法尊严、保证宪法实施的职责。"

宪法在总纲第十四条明确指出："国家合理安排积累和消费，兼顾国家、集体和个人的利益，在发展生产的基础上，逐步改善人民的物质生活和文化生活。""国家建立健全同经济发展水平相适应的社会保障制度。"宪法第二章第三十三条明确规定"中华人民共和国公民在法律面前一律平等""国家尊重和保障人权""任何公民享有宪法和法律规定的权利，同时必须履行宪法和法律规定的义务"。可见，宪法在这里同样对我国公共政策的设计具有元政策的功能和作用。

宪法不仅是"指导和规范政府政策行为的一套理念和方法"，而且对如何正确地制定基本公共政策和有效地执行基本公共政策起到总领作用。我国宪法不仅对教育、卫生、文化、计划生育、劳动就业、财政与民生、城乡建设、环境保护、治安、司法、社会管理等基本政策方针和公民享有的基本权利作出了明文规定，而且对于公民基本权利的保障与实现，明确了中央和地方各级政府以及国家、社会和各民族等各方面的组织架构、组织制度的职责分工。

第二章 区域和省域之间均等化分析评估

区域和省域均等化分析是宏观层次的分析，主要分析比较不同类型农村小型水利发展指标在各区域的差异或均等化程度，以此衡量我国农村小型水利改革及其政策的区域和省域均等化效果。下面从三个方面逐步开展分析评估。

第一，根据公开统计数据，通过文字和图表形式描述小型水利建设投资、农村饮水安全和村庄水利灌溉发展的总量、结构与趋势特征。

第二，对小型水利建设投资、农村饮水安全和村庄水利灌溉等三个方面共 23 个指标，通过文字和图表形式重点对全国 31 个省级行政区逐一进行排序和省域均等化分析①；根据情况和研究需要，对部分指标开展东部、中部、西部分区比较分析②。

第三，通过文字和图表形式对全国 31 个省级行政区在小型水利投资、农村饮水安全和村庄水利灌溉等三个方面的发展状况进行综合评估。

本部分数据主要来源于历年《中国水利统计年鉴》《中国水利年鉴》《全国水利统计公报》《中国统计年鉴》《中国农村统计年鉴》《全国第二次农业普查资料汇编》及部分网络公开数据。

一、小型水利建设投资省域之间均等化分析

《中国水利统计年鉴》中关于全国和各地"历年分规模水利建设投资

---

① 见表 1—6 农村小型水利发展均等化评价指标体系。
② 全国 31 个省级行政区根据需要，一般可以分为东部、中部、西部和东北四大区域或东部、中部、西部三大区域。

完成额"的统计，为本课题的研究提供了三个特别有用的单项指标，即水利建设投资完成总额、小型水利建设投资完成额①和大、中型水利建设投资完成额等。这三项指标是展开以下分析的三个基础性指标。我们分析大、中型水利建设投资完成额和水利建设投资完成总额指标及其与小型水利建设投资完成额指标的关系，以便了解小型水利建设投资在全国农村小型水利发展均等化和水利基本公共服务均等化中所发挥的重要作用。

（一）小型水利投资的总量与结构地位

下面从两个方面分析我国历年小型水利投资的总量、趋势特征以及结构地位。

1. 小型水利投资总量与趋势特征

2000 年以来，我国小型水利建设投资完成额呈现以下特点：一是 2000 年至 2007 年以前，每年投资完成额起伏不定且总量较少，2001 年下降、2002 年上升、2003 年下降、2004 年上升、2005 年下降；二是从 2006 年开始也就是我国"十一五"计划实施以来，每年投资总额保持一路增长的趋势，且从 2008 年开始增长幅度较大，差不多每隔两年都有一个更大幅度的增长；三是从 2011 年开始也就是我国"十二五"规划实施后，每年投资总额保持了大幅度增长，特别是 2012 年的增幅最大；四是 2007 年以来投资总额不断实现重大突破，2007 年全国小型水利建设投资总额首次突破 500 亿元，2009 年突破 1000 亿元，2011 年突破 2000 亿元，2012 年突破 2500 亿元，2014 年突破 3000 亿元。见图 2—1。

2. 小型水利与大、中型水利建设投资发展的趋势比较

根据历年《中国水利统计年鉴》和《中国水利统计年报》的数据，2000—2007 年全国大、中型水利建设投资完成额与小型水利建设投资完成额的特征相似。一是 2000 年至 2007 年之前，每年投资完成额起伏不定且总量较少，2001 年下降、2002 年上升、2003 年下降、2004 年上升、

---

① 由于没有专门的农村小型水利投资完成额数据，这里仅用小型水利建设投资完成额替代农村小型水利投资完成额进行分析。

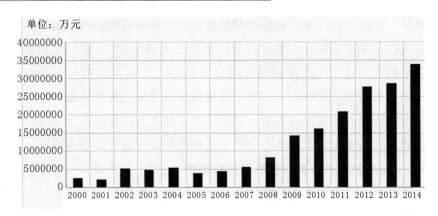

数据图来源：根据 2013 年《中国水利统计年鉴》和 2013—2014 年《中国水利统计年报》的数据绘制。

图 2－1 2000—2014 年全国小型水利建设投资完成额

2005 年下降；二是从 2007 年开始也就是我国"十一五"计划实施以来，每年投资总额保持一路增长的趋势，且从 2009 年开始增长幅度较大，差不多每隔两年都有一个更大幅度的增长；三是从 2011 年开始也就是我国"十二五"规划实施以来，每年投资总额保持了大幅度的增长，特别是 2012 年的增幅最大；四是 2008 年以来投资总额不断实现重大突破，2008 年全国大、中型水利建设投资总额首次突破 1000 亿元，2010 年突破 2000 亿元，2011 年突破 3000 亿元，2012 年突破 3500 亿元，2014 年突破 3000 亿元。

从 2000—2014 年我国小型与大、中型水利建设投资完成额比较柱状图看出，2000 年以来我国每年小型水利建设投资完成额与大、中型水利投资完成额基本保持同步增长的势头。但从 2009 年开始，小型水利建设投资完成总额与大、中型水利建设投资完成总额差距拉大，当年小型水利建设投资完成总额比大、中型水利建设投资完成总额约少 500 亿元—1000 亿元。见表 2—1、图 2—2。

表 2−1　大、中、小型水利建设投资额取得重大突破的年份比较

小型		大、中型	
年份	当年突破的投资额	年份	当年突破的投资额
2007	突破 500 亿元	2008	突破 1000 亿元
2009	突破 1000 亿元	2010	突破 2000 亿元
2011	突破 2000 亿元	2011	突破 3000 亿元
2012	突破 2500 亿元	2012	突破 3500 亿元
2014	突破 3000 亿元	2014	突破 4000 亿元

单位：万元

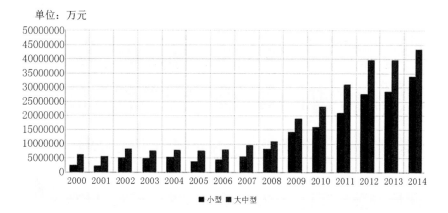

数据图来源：根据 2013 年《中国水利统计年鉴》和 2013—2014 年《中国水利统计年报》的数据绘制。

图 2−2　2000—2014 年全国大、中、小型水利建设投资完成额比较

（一）各省级行政区小型水利投资发展趋势比较

下面通过 4 个单项指标比较分析 31 个省级行政区小型水利投资发展趋势及省域均等化情况。

1. 2012 年各地小型水利建设投资完成额比较

根据 2013 年《中国水利统计年鉴》相关数据绘制图 2−3，即 2012 年各地小型水利建设投资完成额比较，由此可以把全国 31 个省级行政区

划分为"四个区域序列"[①]。第一，各地小型水利建设投资完成额最多的是浙江，将近300亿元，远远高于其他地区的投资，重庆达到200亿元，两地雄踞第一序列；第二，江苏、湖北、湖南、云南、黑龙江、安徽、山东、四川、广西、新疆等地方小型水利投资完成额均超过100亿元、不足200亿元，位居第二序列；第三，河北、山西、内蒙古、江西、河南、广东、贵州、陕西、甘肃等地方投资约50亿元—100亿元，位居第三序列；第四，北京、天津、辽宁、吉林、上海、福建、海南、西藏、青海、宁夏等不足50亿元，位居第四序列。总体而言，东部地区的浙江、江苏是小型水利建设投资的热土；中部地区各省投资总额比较均衡、差异不大，湖南、湖北靠前；西部地区重庆领先，其次是云南、广西、新疆，除西藏、青海、宁夏等地投资总额相对较小外，其他各地也相对比较均衡。由此可以绘制表2－2，即2012年各地小型水利建设投资完成额的"四分序列"[②]。本课题对其他单项指标的省域均等化评估，均采用四分序列的方法进行分析。

表2－2　2012年各地小型水利建设投资完成额的四分序列

序列	小型水利建设投资完成额（单位：亿元）	地区分布（个数）
1	200＜投资额	浙江、重庆（2）
2	100＜投资额＜200	江苏、湖北、湖南、云南、黑龙江、安徽、山东、四川、广西、新疆（10）
3	50＜投资额＜100	河北、山西、内蒙古、江西、河南、广东、贵州、陕西、甘肃（9）
4	投资额＜50	北京、天津、辽宁、吉林、上海、福建、海南、西藏、青海、宁夏（10）

---

① 这里的"四个区域序列"是指四个发展程度依次递减的区域集合，不同于数学概念的序列。下同。

② 这里"四分序列表"是指把31个省级行政区根据数值区间划分为四个区域集合的列表，不同于统计学的四分位数概念。这里的地区分布指31个省级行政区根据数值区间所分属的四个区域序列。下同。

单位：万元

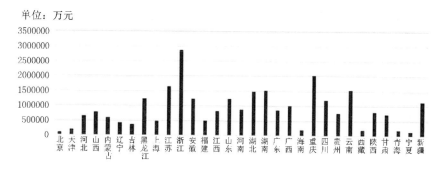

数据图来源：根据 2013 年《中国水利统计年鉴》相关数据绘制。

图 2-3 2012 年各地小型水利建设投资完成额比较

2. 各地 5 年小型水利投资总额与发展趋势比较

通过对 2008—2012 年各地小型水利建设投资完成总额的比较分析，全国 31 个省级行政区依然呈现四个区域序列。第一，各地 5 年小型水利建设投资完成总额最多的还是浙江，达 800 亿元，远远高于其他地区的投资，重庆、江苏均约 600 亿元，三地雄踞第一序列，5 年小型水利投资总额均超过了 500 亿元；第二，湖北、湖南、陕西、云南、安徽、山东、四川、广东、广西、新疆等地 5 年小型水利投资完成额投资约 300 亿元—500 亿元；第三，河北、山西、黑龙江、江西、上海、河南、贵州、甘肃等地投资约 200 亿元—300 亿元；第四，北京、天津、内蒙古、辽宁、吉林、福建、海南、西藏、青海、宁夏等地不足 50 亿元。总体而言，东部地区的浙江、江苏是小型水利建设投资的热土；中部地区各省投资总额比较均衡、差异不大，湖南、湖北靠前；西部地区重庆领先，其次是云南、广西、新疆，除西藏、青海、宁夏等地投资总额相对较小外，其他各地也相对比较均衡。见表 2-3、图 2-4。

将表 2-3、图 2-4 与表 2-2、图 2-3 对照分析，可以发现，两对图表除了数值比例不同之外，几乎完全重叠。也就是说，5 年以来各省的小型水利建设投资发展速度基本保持同步，几乎没有拉开差距，也没有缩小差距。

表 2－3　2008—2012 年各地小型水利建设投资完成总额的四分序列

序列	小型水利建设投资完成额（单位：亿元）	地区分布（个数）
1	500＜投资额	浙江、重庆、江苏（3）
2	300＜投资额＜500	湖北、湖南、陕西、云南、安徽、山东、四川、广东、广西、新疆（10）
3	200＜投资额＜300	河北、山西、黑龙江、江西、上海、河南、贵州、甘肃（8）
4	投资额＜200	北京、天津、内蒙古、辽宁、吉林、福建、海南、西藏、青海、宁夏（10）

单位：万元

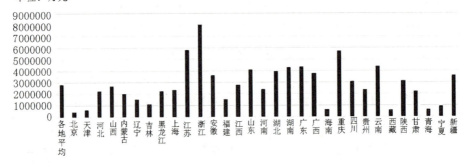

数据图来源：根据 2009—2013 年《中国水利统计年鉴》相关数据绘制。

图 2－4　2008—2012 年各地小型水利建设投资完成总额比较

3. 各地小型水利投资的结构地位的比较

表 2－4 和图 2－5 所反映的小型水利建设投资占各地全部水利建设投资完成额的比例表明：我国已经迈入小型水利建设投资为主的时代。第一，2012 年浙江、重庆、上海、湖南、安徽、广西、青海、黑龙江等地全面进入小型水利建设投资建设时代，小型水利建设投资完成额占这些省份全部投资的份额达 95％以上，说明在这些地方小型水利投资占据主导地位；第二，除上述省份，内蒙古、福建、广东、海南、贵州、云南、甘肃等地小型水利建设投资占全部投资的份额也超过了 80％；第三，除以上省份，天津、吉林、江苏、江西、山东、山西、四川、新疆、西藏、陕西等地小型水利建设投资占全部投资的份额也超过了 50％；第四，只有

北京、河北、湖北、辽宁、宁夏、河南等地以大、中型水利建设投资为主，小型水利建设投资占全部投资的份额没有达到50%。

表 2—4　2012年各地小型水利建设投资比例的四分序列

序列	小型水利建设投资占各地全部水利建设投资完成额的比例	地区分布（个数）
1	95%以上	浙江、重庆、上海、湖南、安徽、广西、青海、黑龙江（8）
2	80%—95%	内蒙古、福建、广东、海南、贵州、云南、甘肃（7）
3	50%—80%	天津、吉林、江苏、江西、山东、山西、四川、新疆、西藏、陕西（10）
4	50%以下	北京、河北、湖北、辽宁、宁夏、河南（6）

4. 各地隶属县级水利投资额的比较

2012年各地隶属县级水利建设投资份额的比较分析：第一，2012年四川、浙江、青海、贵州等地小型水利建设投资完成额与隶属县级政府直接领导和管理的水利建设投资完成额大体相当；第二，宁夏、西藏、湖北、重庆、云南、河北、辽宁、吉林、福建、甘肃、湖南、新疆、黑龙江、河南、江苏、山东、广东、江西、海南等地隶属县级政府直接领导和管理的水利建设投资完成额相当于当地小型水利建设投资完成额的50%以上；第三，北京、天津、山西、内蒙古、安徽、广西、陕西等地隶属县级政府直接领导和管理的水利建设投资完成额只相当于各地小型水利建设投资完成额的50%以下；第四，上海是全国唯一没有隶属县级水利建设投资的地方。见表2—5和图2—6。

表 2—5　各地隶属县级水利建设投资额的四分序列

序列	各地隶属县级水利建设投资完成额的百分比	地区分布（个数）
1	94%—99%	四川、浙江、青海、贵州（4）
2	50%以上	宁夏、西藏、湖北、重庆、云南、河北、辽宁、吉林、福建、甘肃、湖南、新疆、黑龙江、河南、江苏、山东、广东、江西、海南（19）
3	50%以下	北京、天津、山西、内蒙古、安徽、广西、陕西（7）
4	0	上海（1）

单位：万元

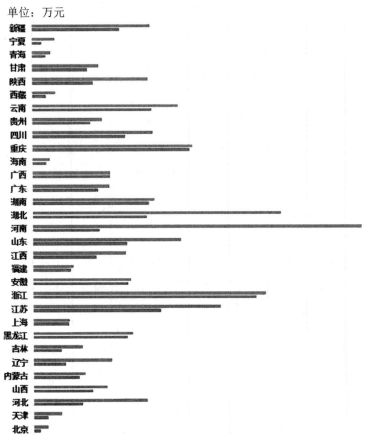

■2012年各地水利建设投资完成总额　■2012年小型水利建设投资完成额

数据图来源：根据 2013 年《中国水利统计年鉴》相关数据绘制。

图 2—5　2012 年各地小型水利建设投资结构地位比较

（三）各省级行政区人均小型水利投资与发展趋势比较

下面通过 3 个单项指标比较分析 31 个省级行政区人均小型水利投资发展趋势与省域均等化情况。

单位：万元

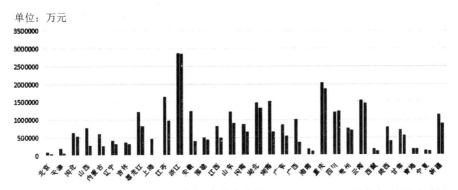

■ 2012年小型水利建设投资完成额 ■ 2012年隶属县级水利建设投资完成额

数据图来源：根据 2013 年《中国水利统计年鉴》相关数据绘制。

图 2-6 2012 年各地隶属县级水利建设投资额的比较

1. 2012 年各地乡村人均小型水利建设投资额比较

2012 年按全国农业生产经营户常住人口[①]人均投资完成额约 417 元，各地按农业生产经营户常住人口计算得出小型水利人均投资完成额差异较大。第一，2012 年人均小型水利投资超过 1000 元的有上海、浙江、重庆、新疆等，其中上海一城独大，2012 年农业生产经营户人均小型水利建设投资完成额超过 2500 元，浙江超过 1500 元，重庆将近 1500 元，新疆超过 1000 元；第二，按农业生产经营户常住人口人均小型水利建设投资超过全国均值 417 元的有黑龙江、西藏、北京、天津、内蒙古、江苏、湖北、湖南、海南、云南、青海等，其中黑龙江、西藏接近 1000 元；第三，河北、山西、吉林、安徽、福建、江西、广西、贵州、陕西、甘肃、宁夏等在 2012 年按农业生产经营户常住人口人均投资均没有超过 417 元，未达到全国平均水平；第四，广东、四川、辽宁、山东、河南等地人均投资不足 275 元。见表 2-6 和图 2-7。

---

① 数据来源于《全国第二次农业普查资料汇编》。

表 2-6　2012 年各地人均小型水利建设投资完成额的四分序列

序列	人均小型水利建设投资完成额（单位：元）	地区分布（个数）
1	人均投资额＞1000	上海、浙江、重庆、新疆（4）
2	417＜人均投资额＜1000	黑龙江、西藏、北京、天津、内蒙古、江苏、湖北、湖南、海南、云南、青海（11）
3	275＜人均投资额＜417（全国均值）	河北、山西、吉林、安徽、福建、江西、广西、贵州、陕西、甘肃、宁夏（11）
4	人均投资额＜275	广东、四川、辽宁、山东、河南（5）

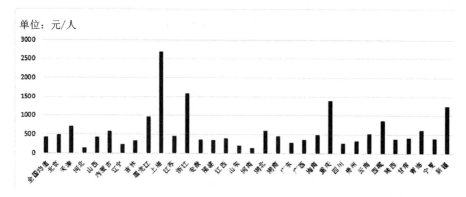

数据图来源：根据 2013 年《中国水利统计年鉴》和《全国第二次农业普查》资料相关数据绘制。

图 2-7　2012 年各地乡村人均小型水利建设投资完成额比较

2. 各地乡村 5 年人均小型水利投资与发展趋势比较

全国（2008—2012 年）5 年总计按农业生产经营户常住人口①人均小型投资完成额约 1302 元，各地按农业生产经营户常住人口计算得出小型水利人均投资完成额差异较大。第一，5 年人均小型水利投资超过 2000 元的有上海、浙江、重庆、新疆、宁夏、西藏、天津等，其中上海一城独大，5 年农业生产经营户人均小型水利建设投资完成额超过 9000 元，浙江超过 4000 元，重庆将近 4000 元，新疆超过 3000 元；第二，按农业生

————————

① 数据来源于《全国第二次农业普查资料汇编》。

产经营户常住人口人均小型水利建设投资超过全国均值（即 1302 元）的
有青海、北京、山西、内蒙古、黑龙江、江苏、湖北、广东、广西、海
南、云南、陕西等，其中黑龙江、西藏接近 1000 元；第三，甘肃、河北、
吉林、辽宁、湖南、安徽、福建、江西、贵州等在 5 年按农业生产经营户
常住人口人均投资均没有超过 1302 元，未达到全国平均水平；第四，四
川、山东、河南等地人均投资不足 688 元。

　　将表 2－6、图 2－7 与表 2－7、图 2－8 对比发现，两对图表除了数
值比例不同之外，对全国 31 个省份的位次和差距的描述也惊人得一致，
几乎完全重叠。也就是说，就各地人均小型水利建设投资完成额指标而
言，5 年来各省几乎没有拉开差距，也没有缩小差距。

表 2－7　各地 5 年人均小型水利建设投资完成额的四分序列

序列	5 年人均小型水利建设投资 完成额（单位：元）	地区分布（个数）
1	人均投资额＞2000	上海、浙江、重庆、新疆、宁夏、西藏、天津（7）
2	1302＜人均投资额＜2000	青海、北京、山西、内蒙古、黑龙江、江苏、湖北、广东、广西、海南、云南、陕西（12）
3	688＜人均投资额＜1302（全国均值）	甘肃、河北、吉林、辽宁、湖南、安徽、福建、江西、贵州（9）
4	人均投资额＜688	四川、山东、河南（3）

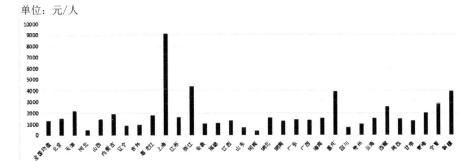

数据图来源：根据 2009—2013 年《中国水利统计年鉴》和《全国第二次农业普查》资料相
关数据绘制。

图 2－8　各地乡村 5 年人均小型水利建设投资完成额比较

3. 2012年各地人均水利建设投资完成额比较

2012年全国按年末常住人口人均水利建设投资完成额约293元，各地情况反映了国家和地方政府提高水利服务均等化水平的努力程度。第一，人均投资额超过546元的主要集中在中西部省份，包括西藏、新疆、重庆、湖北等，其中西藏最多，人均约1000元，重庆、新疆人均超过600元；第二，浙江、河南、宁夏、青海、黑龙江、江苏、湖南、云南、陕西、甘肃等地超过全国平均水平；第三，天津、河北、山西、内蒙古、吉林、辽宁、上海、安徽、江西、山东、广西、海南、四川、贵州等地没有达到全国平均水平，其中天津、河北、上海、山东等省区都是水利基础设施、基础条件比较好的地方，也包括安徽、江西、广西、四川、贵州等中西部省份；第四，福建、北京、广东人均水利投资不足140元。见表2－8和图2－9。

表2－8　各地人均水利建设投资完成额的四分序列

序列	人均水利建设投资完成额（单位：元）	地区分布（个数）
1	人均投资额＞546	西藏、新疆、重庆、湖北（4）
2	293＜人均投资额＜546	浙江、河南、宁夏、青海、黑龙江、江苏、湖南、云南、陕西、甘肃（10）
3	140＜人均投资额＜293（全国均值）	天津、河北、山西、内蒙古、吉林、辽宁、上海、安徽、江西、山东、广西、海南、四川、贵州（14）
4	人均投资额＜140	福建、北京、广东（3）

（四）各省级行政区单位国土面积小型水利投资比较

下面通过3个单项指标比较分析31个省级行政区单位国土面积小型水利投资发展趋势及均等化情况。

1. 2012各地单位国土面积小型水利建设投资完成额比较

2012年全国单位国土面积小型水利建设投资28724元，其中上海超过700000元，浙江、重庆超过200000元，天津、江苏接近200000元，安徽、山东、湖北接近100000元。总体上，全国按单位国土面积小型水

单位：元/人

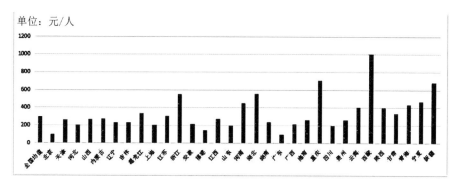

数据图来源：根据 2013 年《中国水利统计年鉴》和《中国统计年鉴》相关数据绘制。

图 2-9 2012 年各地人均水利建设投资完成额比较

利投资完成额可以划分 4 个区域序列。第一，上海、浙江、重庆、天津、江苏等地每平方千米小型水利投资超过 100000 元；第二，安徽、山东、湖北、湖南、北京、山西、江西、河南、广东、广西、海南、云南、贵州等地每平方千米超过了 40000 元；第三，河北、吉林、辽宁、黑龙江、福建、四川、陕西、甘肃、宁夏等地每平方千米超过了 10000 元；第四，内蒙古、西藏、青海、新疆等地由于地广人稀、疆土辽阔，每平方千米投资不足 10000 元。见表 2-9 和图 2-10。

表 2-9 2012 年各地单位国土面积小型水利建设投资完成额的四分序列

序列	单位国土面积水利建设投资完成额（单位：元）	地区分布（个数）
1	每平方千米投资＞100000 元	上海、浙江、重庆、天津、江苏（5）
2	40000＜每平方千米投资＜100000	安徽、山东、湖北、湖南、北京、山西、江西、河南、广东、广西、海南、云南、贵州（13）
3	10000＜每平方千米投资＜40000	河北、吉林、辽宁、黑龙江、福建、四川、陕西、甘肃、宁夏（9）
4	每平方千米投资＜10000	内蒙古、西藏、青海、新疆（4）

2. 各地单位国土面积 5 年小型水利投资总额与发展趋势比较

2008—2012 年全国单位国土面积小型水利建设投资 89542 元，其中

单位：元/平方千米

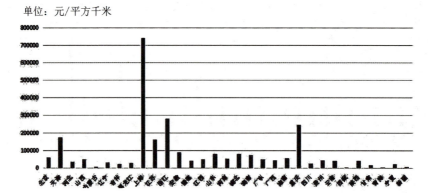

数据图来源：根据 2013 年《中国水利统计年鉴》及各地国土面积相关数据绘制。

图 2－10　2012 年各地单位国土面积小型水利建设投资完成额

上海遥遥领先，5 年单位国土面积水利建设投资超过 3500000 元，浙江超过 780000 元，重庆超过 690000 元，天津、江苏超过 510000 元。总体上，全国按单位国土面积 5 年小型水利投资完成额可以划分四个区域序列。第一，上海、浙江、重庆、天津、江苏等地每平方千米小型水利投资超过 500000 元；第二，安徽、山东、湖北、湖南、北京、广东等地每平方千米超过了 200000 元；第三，河北、山西、辽宁、吉林、福建、江西、河南、广西、海南、四川、贵州、云南、陕西、宁夏等地每平方千米超过了 50000 元、不足 200000 元；第四，内蒙古、黑龙江、西藏、青海、甘肃、新疆等地由于地广人稀、疆土辽阔，每平方千米投资不足 50000 元。见表 2－10 和图 2－11。

对比 2012 年的情况，全国 31 个省市区 5 年总体格局与 2012 年单年的格局大体相当，根据单位国土面积小型水利建设投资额划分的全国 4 大区域序列总体格局变化不大。第一区域序列和第四区域序列基本没有变化，只有第二区域序列与第三区域序列发生了一些变化，主要是与 5 年总体情况相比，2012 年第二区域序列的数量增加了 7 个，第三区域序列的数量减少 5 个。

表 2-10 2008—2012 年各地单位国土面积小型水利建设投资完成额的四分序列

序列	单位国土面积水利建设 投资完成额（单位：元）	地区分布（个数）
1	每平方千米投资＞500000	上海、浙江、重庆、江苏、天津（5）
2	200000＜每平方千米投资 ＜500000	安徽、山东、湖北、湖南、北京、广东（6）
3	50000＜每平方千米投资 ＜200000	河北、山西、辽宁、吉林、福建、江西、河南、广西、 海南、四川、贵州、云南、陕西、宁夏（14）
4	每平方千米投资＜50000	内蒙古、黑龙江、西藏、青海、甘肃、新疆（6）

单位：元/平方千米

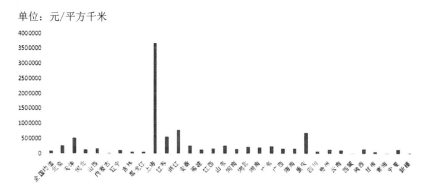

数据图来源：根据 2009—2013 年《中国水利统计年鉴》及各地国土面积相关数据绘制。

图 2-11 2008—2012 年各地单位国土面积小型水利建设投资完成额

3. 各地单位国土面积水利建设投资完成额比较

2012 年全国单位国土面积水利建设投资 41294 元，上海全国领先，当年单位国土面积水利建设投资超过 700000 元；其次，天津、浙江、江苏、河南、重庆超过 200000 元，湖北接近 200000 元。总体上，全国按单位国土面积水利投资完成额可以划分四个区域序列。第一，上海、浙江、重庆、天津、江苏、河南等地每平方千米水利投资超过 200000 元；第二，河北、安徽、山东、湖北、湖南、北京、山西、辽宁、江西、广东、海南、陕西、贵州等地每平方千米超过了 50000 元；第三，内蒙古、吉林、

黑龙江、福建、广西、四川、云南、甘肃、宁夏等地每平方千米超过了
10000 元；第四，西藏、青海、新疆等地由于地广人稀、疆土辽阔，每平
方千米投资不足 10000 元。见表 2－11 和图 2－12。

表 2－11　2012 年各地单位国土面积水利建设投资完成额的四分序列

序列	单位国土面积水利建设投资完成额（单位：元）	地区分布（个数）
1	每平方千米投资＞200000 元	上海、天津、浙江、重庆、江苏、河南（6）
2	50000＜每平方千米投资＜200000	河北、安徽、山东、湖北、湖南、北京、山西、辽宁、江西、广东、海南、陕西、贵州（13）
3	10000＜每平方千米投资＜50000	内蒙古、吉林、黑龙江、福建、广西、四川、云南、甘肃、宁夏（9）
4	每平方千米投资＜10000	西藏、青海、新疆（3）

单位：元/平方千米

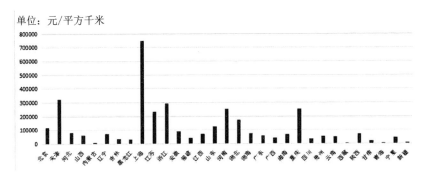

数据图来源：根据 2013 年《中国水利统计年鉴》及各地国土面积相关数据绘制。

图 2－12　2012 年各地单位国土面积水利建设投资完成额

二、农村饮水安全区域和省域之间均等化分析

"农村饮水安全，是指农村居民能够及时、方便地获得足量、洁净、

负担得起的生活饮用水"①，这是推进水利基本公共服务均等化的重要内容。见表2—12。

表2—12　农村饮用水安全卫生评价指标体系②

序号	评价指标	安全	基本安全
1	水质	符合国家《生活饮用水卫生标准》	符合《农村实施〈生活饮用水卫生标准〉准则》
2	水量	可获得水量不低于每日40—60L/人	可获得水量不低于每日20—40L/人
3	方便程度	人力取水往返时间不超过10分钟	人力取水往返时间不超过20分钟
4	保证率	供水保证率不低于95%	供水保证率不低于90%

本部分主要根据《全国农村饮水安全工程"十一五"规划》《全国农村饮水安全工程"十二五"规划》《全国第二次农业普查资料汇编》《中国水统计年鉴》和《中国农村统计年鉴》等资料数据分析我国农村饮水安全工程建设发展进程与区域和省域均等化情况。

（一）农村饮水安全发展进程与趋势

1. 历年建设与投资总体保持递增趋势

2007年以来，历年累计完成投资额在"十一五"期间一路增长，2010年达到顶峰，"十二五"开局的2011年出现转折性下降，2012年以来恢复增长，总体趋势保持递增。2007年以来，历年建设投资规模在

---

① 见《全国农村饮水安全工程"十二五"规划》。水利部、卫生部2004年11月颁布农村饮用水安全卫生评价指标体系，分安全和基本安全两个档次，由水质、水量、方便程度和保证率四项指标组成。四项指标中只要有一项低于安全或基本安全最低值，就不能定为饮用水安全或基本安全。农村饮水安全需要解决农村常住人口和流动人口的饮水问题。《全国农村饮水安全工程"十二五"规划》调查评估的农村供水人口，是指各省（区、市）的乡镇（不含县城城区）、村庄、学校、国有农场和林场，以及新疆生产建设兵团的团场和连队的农业户籍人口。截至2010年底，全国农村供水总人口为9.7亿人。"十二五"期间规划解决2.98亿农村人口（含国有农林场）饮水安全问题和11.4万所农村学校的饮水安全问题成为国务院和地方各级政府的重要目标任务。由此可以得出，截至2015年末，有约1/3的全国农村供水总人口饮水安全问题将得到解决。

② 见《全国农村饮水安全工程"十一五"规划》《全国农村饮水安全工程"十二五"规划》附件。

"十一五"期间一路增长，2012 年达到顶峰，2013 年有所下降，2014 年恢复增长。根据 2007—2014 年《中国水利统计公报》制作和绘制表 2—13、图 2—13、图 2—14。

表 2—13　2007—2014 年农村饮水安全建设与投资情况（单位：亿元）

	2007	2008	2009	2010	2011	2012	2013	2014
在建投资规模	345.1	470.1	583.8	592.5	645.3	805	796.6	801.8
累计完成投资	201.9	293.1	508.6	662.4	494.7	662.4	691.2	710.2

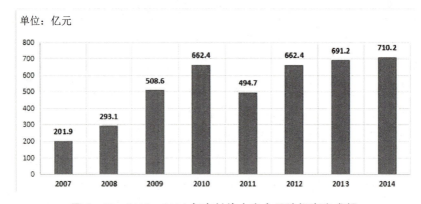

图 2—13　2007—2014 年农村饮水安全累计投资完成额

2. 农村自来水普及率与集中供水受益人口比例大幅提升

根据 2007—2014 年《中国水利统计公报》数据，2007—2010 年农村自来水普及率由 2007 年的 39.5% 提高到 2010 年的 54.7%；2011—2014 年农村集中供水受益人口比例由 63% 提高到 78.1%。见图 2—15。

（二）全国农村住户饮水状况分区比较分析

下面根据《全国第二次农业普查公报》分区比较分析农村饮水区域均等化状况。见表 2—14，图 2—16。

1. 获取饮用水困难住户的比例：西部最高

全国有 2265 万个住户获取饮用水困难，占农村住户的比重为

单位：亿元

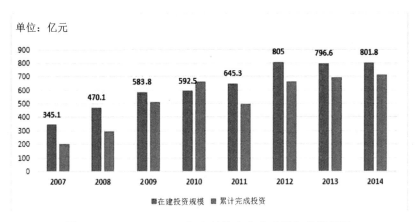

图 2－14　2007—2014 年农村饮水安全建设与投资情况

单位：%

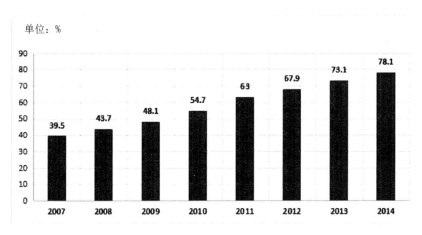

图 2－15　农村自来水普及率与集中供水受益人口比例

10.3%。全国四大区域的情况：第一，东北地区获取饮用水困难住户比例最低，只占 1.2%；第二，东部地区获取饮用水困难住户的比重为 2.8%，位居第二，东北和东部区域都较大幅度低于全国均值；第三，中部地区获取饮用水困难住户的比重为 9.3%，接近全国平均值；第四，西部地区获取饮用水困难住户的比例达 22.2%，远远高于全国均值。

2. 使用管道水住户的比例：东北领先中部

全国使用管道水的住户 10754 万户，占 48.6%。全国四大区域的情况：第一，东部地区使用管道水住户比例最高，占 71.1%，远远高于全国均值；第二，西部地区使用管道水住户的比重为 42.9%；第三，东北部地区使用管道水住户的比重为 41.3%；第四，中部地区使用管道水住户的比重为 28.5%，远远低于全国均值。

3. 饮用水经过净化处理住户比例：西部领先中部

全国 5101 万户的饮用水经过净化处理，占 23.1%。全国四大区域的情况：第一，东部地区饮用水经过净化处理的住户比例最高，占 44.2%，远远高于全国均值；第二，东北地区饮用水经过净化处理的住户比重为 15%；第三，西部地区饮用水经过净化处理的住户比重为 13.3%；第四，中部地区饮用水经过净化处理的住户比重为 8.8%，远远低于全国均值。东北地区农村 75.9% 的住户使用深井水，中部地区农村超过一半的住户使用深井水，比重为 53.4%。

表 2-14　各区域农村住户饮水状况（全国第二次农业普查数据[①]，单位：%）

	全国	东部地区	中部地区	西部地区	东北地区
获取饮用水困难住户的比重	10.3	2.8	9.6	22.2	1.3
使用管道水住户的比重	48.6	71.1	28.5	42.9	41.3
按饮用水水源分的住户构成					
净化处理过的饮用水	23.1	44.2	8.8	13.3	15.0
深井水	41.8	37.6	53.4	27.5	75.9

① 资料来源：《中国第二次全国农业普查资料综合提要》，中国统计出版社 2008 年版。获取饮用水困难，主要指到取水点的水平距离大于 1 千米或垂直高差超过 100 米、正常年份连续缺水 70 天以上，或单次取水时间超过半小时，也包括村干部或农户反映的水质混浊、水质超标等现象。使用管道水，指用户使用了管道形式输送的饮用水。入户管道水包括在住宅内或院内 1 户使用或多户合用水龙头的管道输送水。净化处理过的饮用水，指饮用水（自来水）经过公共净化和消毒处理设施，如自来水厂，乡村带有净化和消毒处理设施的自来水塔等，但不包括在院子里自己打的机井，也不包括家庭使用的饮用水过滤设备。下同。

续表

浅井水	27.8	15.3	31.7	43.6	9.0
江河湖水	2.8	1.4	2.0	6.0	0.1
池塘水	1.4	0.4	1.6	2.6	0.0
雨水	1.4	0.1	1.1	3.7	0.0
其他水	1.7	1.0	1.4	3.3	0.0

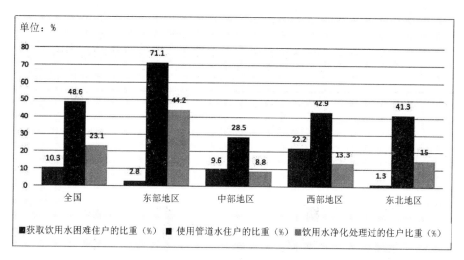

图 2—16　全国各区域农村住户饮水状况（全国第二次农业普查数据）

（三）全国村镇供水情况的分区比较分析

下面根据全国第二次农业普查数据和水利部 2008 年调查数据分区比较分析村镇供水区域均等化状况。

1. 实施集中供水镇的比例：中部和西部较低

全国第二次农业普查的 19391 个镇中，72.3％的镇实施集中供水。全国四大区域的情况：第一，东部地区实施集中供水的镇比例最高，占 76.6％，高于全国均值；第二，西部地区实施集中供水的镇比例为 74.6％；第三，东北地区实施集中供水的镇比例最高，占 68.3％；第四，中部地区实施集中供水的镇比例为 65％，低于全国均值。

2. 实施集中供水的村：西部领先中部

全国 24.5% 的村饮用水经过集中净化处理。全国四大区域的情况：第一，东部地区实施集中供水的村比例最高，占 47.4%，远高于全国均值；第二，东北地区实施集中供水的村比例为 20.3%；第三，西部地区实施集中供水的村占 11.7%；第四，中部地区实施集中供水的村占 9.4%，低于全国均值。调查结果表明农村饮用水供需矛盾突出，区域发展不平衡。见表 2—15，图 2—17。

表 2—15　村镇供水和饮用水的差距状况（全国第二次农业普查数据，单位:%）

	全国	东部地区	中部地区	西部地区	东北地区
实施集中供水的镇	72.3	76.6	65.0	74.6	68.3
饮用水经过集中净化处理的村	24.5	47.4	9.4	11.7	20.3

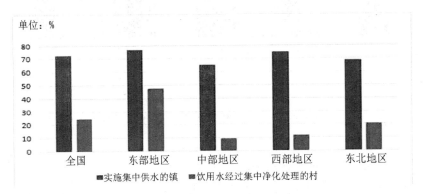

图 2—17　全国村镇饮用水的区域差距（全国第二次农业普查数据）

3. 农村集中供水受益人口比：东部遥遥领先

据水利部 2008 年调查数据，全国农村集中供水受益人口 46728 万人，占当年农村供水总人口的比例约为 51%。全国按东、中、西三大区域划分：第一，东部集中供水受益人口 24930 万，占集中供水总人口的比例约为 73%，遥遥领先全国；第二，西部略领先中部，位居第二，集中供水受益人口约 12815 万，占全部集中供水受益人口的 44%；第三，中部集中供水受益人口约 15733 万，占全部集中供水受益人口的 41%。见表 2－16 和图 2－18。

表 2－16　全国区域农村集中式（分散式）供水受益人口非均等化状况

地区	供水总人口（万人）	集中式供水人口（万人）	集中供水受益人口所占比例（%）	与全国平均值相比	分散式供水人口（万人）	分散供水人口按人数排名
全国总计	91954	46728	51%		45227	
西　　部	28878	12815	44%	低	16064	2
中　　部	38147	15733	41%	低	22413	1
东　　部	24930	24930	73%	高	6750	3

资料来源：根据水利部 2008 年组织调查数据制表。本课题组转引倪文进、马超德等：《中国农村饮水安全工程管理实践与探索》，中国水利水电出版社 2010 年版。

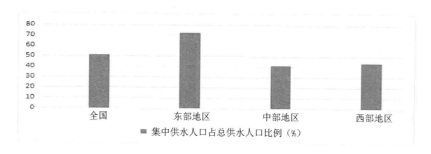

图 2－18　全国集中供水的区域差距（2008 年水利部调查数据）

（四）各省级行政区农村饮水情况比较分析

下面根据全国第二次农业普查数据比较分析 31 个省级行政区农村饮水均等化状况。

1. 西藏、贵州获取饮用水困难住户的比例较高

根据全国第二次农业普查资料关于获取饮用水困难住户的比例数据，全国 31 个省级行政区可以分成四个序列：第一，上海、北京、浙江、江苏、山东等地只有极少数不足 1% 的用户存在获取饮用水困难；第二，吉

林、辽宁、河北、黑龙江、天津、安徽、河南、福建、江西、广东、内蒙古等地获取饮用水困难住户的比例在1%—10%；第三，山西、四川、湖南、新疆、海南、湖北、陕西、广西、重庆、宁夏、云南等地获取饮用水困难住户的比例在10%—30%；第四，甘肃、青海、贵州、西藏等地获取饮用水困难住户的比例在30%以上。见表2—17。

获取饮用水困难户数较多的是贵州、四川、云南三省，有超过200万户，其次是湖南、湖北、广西，有超过160万户。

表2—17　按各地获取饮用水困难户比例的四分序列

序列	获取饮用水困难户的比例	地区分布（个数）
1	不足1%	上海、北京、浙江、江苏、山东（5）
2	1%—10%	吉林、辽宁、河北、黑龙江、天津、安徽、河南、福建、江西、广东、内蒙古（11）
3	10%—30%	山西、四川、湖南、新疆、海南、湖北、陕西、广西、重庆、宁夏、云南（11）
4	30%以上	甘肃、青海、贵州、西藏（4）

2. 西藏、安徽使用入户管道水住户的比例较低

根据全国第二次农业普查资料关于使用入户管道水住户的比例数据，全国31个省级行政区分成四个序列：第一，上海、江苏、北京、天津、浙江等地使用入户管道水的住户比例达到80%以上；第二，福建、河北、山西、新疆、山东、广东、云南、青海、贵州、陕西等地使用入户管道水的住户比例达到49%—80%；第三，辽宁、黑龙江、广西、海南、甘肃、四川、重庆、内蒙古、吉林、湖北、河南、湖南、宁夏等地使用入户管道水的住户比例达到20%—49%；第四，安徽、江西、西藏等地使用入户管道水的户数比例在20%以下。见表2—18。

表 2-18　按各地使用入户管道水住户比例的四分序列

序列	使用入户管道水住户的比例	地区分布（个数）
1	80％以上	上海、江苏、北京、天津、浙江（5）
2	49％—80％	福建、河北、山西、新疆、山东、广东、云南、青海、贵州、陕西（10）
3	20％—49％	辽宁、黑龙江、广西、海南、甘肃、四川、重庆、内蒙古、吉林、湖北、河南、湖南、宁夏（13）
4	20％以下	安徽、江西、西藏（3）

　　3. 陕西、河南使用净化水住户的比例很低

　　根据全国第二次农业普查资料关于使用净化处理水住户的比例数据，全国 31 个省级行政区分成四个序列：第一，上海、江苏、北京、浙江、广东等地使用净化处理水住户比例达到 45％以上；第二，山东、福建、天津、新疆、宁夏等地使用净化处理水住户比例达到 20％—37％；第三，河北、山西、内蒙古、辽宁、黑龙江、广西、海南、甘肃、四川、重庆、安徽、湖北、青海、西藏等地使用净化处理水住户的比例达到 10％—20％；第四，云南、吉林、江西、湖南、贵州、河南、陕西等地使用净化处理水住户比例在 10％以下。见表 2-19，表 2-20。

表 2-19　按各地使用净化处理水住户的比例的四分序列

序列	使用净化处理水住户的比例	地区分布（个数）
1	45％以上	上海、江苏、北京、浙江、广东（5）
2	20％—37％	山东、福建、天津、新疆、宁夏（5）
3	10％—20％	河北、山西、内蒙古、辽宁、黑龙江、广西、海南、甘肃、四川、重庆、安徽、湖北、青海、西藏（14）
4	10％以下	云南、吉林、江西、湖南、贵州、河南、陕西（7）

表 2-20　各地住户饮水情况的比较（全国第二次农业普查数据）

地区	使用入户管道水比例（％）	获取饮用水困难比例（％）	使用净化处理水住户的比例（％）
全国总计	48.6	10.3	23.1
北　京	97.0	1.0	62.8

天　津	84.8	1.6	24.8
河　北	68.4	4.7	13.6
山　西	68.1	14.4	17.5
内　蒙　古	32.6	8.9	12.6
辽　宁	45.5	1.3	17.2
吉　林	31.9	1.1	8.7
黑　龙　江	42.8	1.3	16.9
上　海	98.3	0.1	97.8
江　苏	83.0	0.1	76.2
浙　江	83.4	0.9	59.3
安　徽	19.5	3.9	11.4
福　建	73.7	5.4	34.8
江　西	17.6	6.5	7.7
山　东	62.8	0.9	36.2
河　南	27.7	5.0	3.7
湖　北	28.6	18.5	14.1
湖　南	25.6	15.0	6.5
广　东	58.7	6.9	45.2
广　西	41.2	19.8	12.5
海　南	37.3	18.2	14.7
重　庆	33.5	23.3	12.6
四　川	35.1	14.9	12.6
贵　州	52.2	38.8	5.9
云　南	57.5	25.5	9.9
西　藏	8.7	55.7	18.2
陕　西	49.0	19.4	3.6
甘　肃	36.7	30.0	12.7
青　海	54.3	34.9	17.6
宁　夏	25.3	26.3	20.9
新　疆	63.6	17.5	21.5

4. 江西、湖南农村集中供水受益人口的比例较低

根据集中供水受益人口比例可以对全国 31 个省级行政区划分为四个序列：第一，上海、北京、青海、天津、浙江、山西、西藏、江苏等地集中供水受益人口比例达到 80％以上，西部的青海、西藏和中部的山西跻身第一序列；第二，河北、福建、新疆、山东、黑龙江、陕西等地集中供水受益人口比例在 60％—80％；第三，辽宁、云南、贵州、广东、广西、海南、甘肃、内蒙古、宁夏等地集中供水受益人口比例在 40％—60％；第四，湖北、河南、四川、重庆、安徽、吉林、湖南、江西等地集中供水受益人口比例在 40％以下。见表 2—21，表 2—22。

表 2—21　按各地集中供水受益人口比例的四分序列

序列	集中供水受益人口比例	地区分布（个数）
1	80％以上	上海、北京、青海、天津、浙江、山西、西藏、江苏（8）
2	60％—80％	河北、福建、新疆、山东、黑龙江、陕西（6）
3	40％—60％	辽宁、云南、贵州、广东、广西、海南、甘肃、内蒙古、宁夏（9）
4	40％以下	湖北、河南、四川、重庆、安徽、吉林、湖南、江西（8）

表 2—22　全国农村集中式和分散式供水状况

地区	供水总人口（万人）	集中式供水人口（万人）	集中供水受益人口所占比例（％）	与全国平均值相比	各地排名①	分散式供水人口（万人）	分散供水受益人口按人数多少排名
全国总计	91954	46728	51％			45227	
北　京	329	329	100％	高	1	0.8	29
天　津	343	341	99％	高	2	1	28
河　北	5135	4020	78％	高	8	1114	13
山　西	2362	2072	88％	高	5	290	25
内蒙古	1704	808	47％	低	17	896	17
辽　宁	2383	1138	48％	低	16	1245	12

---

① 上海已经实现城乡供水一体化，没纳入该项统计。

续表

吉　　林	1468	572	39%	低	21	895	18
黑　龙　江	1939	1196	62%	高	13	744	19
江　　苏	5213	4164	80%	高	7	1049	14
浙　　江	3618	3217	89%	高	4	401	23
安　　徽	5244	1527	29%	很低	24	3717	4
福　　建	1561	1057	68%	高	11	504	20
江　　西	3392	767	23%	最低	26	2625	7
山　　东	6004	5599	93%	高	3	404	22
河　　南	7818	2330	30%	很低	23	5488	1
湖　　北	4506	1617	34%	低	22	2889	6
湖 v 南	5508	1265	23%	最低	26	4243	3
广　　东	5479	2336	43%	低	19	3144	5
广　　西	4197	1692	40%	低	20	2505	8
海　　南	775	366	47%	低	17	409	21
重　　庆	1997	602	30%	很低	23	1395	11
四　　川	6957	1807	26%	很低	25	5150	2
贵　　州	3297	1435	44%	低	18	1862	9
云　　南	3662	1929	53%	略高	15	1733	10
西　　藏	141	120	85%	高	6	22	27
陕　　西	2769	1773	64%	高	12	996	15
甘　　肃	2099	1119	53%	略高	15	981	16
青　　海	242	241	99%	高	2	1	28
宁　　夏	433	259	60%	高	14	174	26
新　　疆	1169	832	71%	高	10	336	24

资料来源：根据水利部 2008 年组织调查数据制表。本课题组转引倪文进、马超德等：《中国农村饮水安全工程管理实践与探索》，中国水利水电出版社 2010 年版。

5. 河南、新疆农村饮水安全受益人口的比例较低

为了了解和比较历年来全国各地解决农村饮水安全人口的进程和农村饮水服务均等化的程度，这里引入农村饮水安全受益人口的概念，并采取比值指标进行比较分析。农村饮水安全受益人口的比值，是农村饮水安全

总人口与乡村人口的比值。农村饮水安全总人口系《中国水利统计年鉴》统计的指标，乡村人口系《中国农村统计年鉴》统计的指标，这两个指标包括我国历年以来各地的数据，容易进行比较分析。由于农村饮水安全总人口是一个历年累计值，也就是有的地方和人口存在反复解决饮水安全问题和重复统计农村饮水人口的可能，而乡村人口系指农村常住人口，随着农村人口城镇化比例的逐年递增而递减，因此，比值存在大于1的情况。

根据上述统计饮水安全受益人口比例的方法和2012年的数据，计算出全国和各地2012年解决农村饮水安全问题的进展和各地均等化程度，见图2—19。

计算结果表明，2012年全国饮水安全总受益人口的比例为1.2。由此可以对全国31个省级行政区划分为四个序列：第一，浙江、江苏、重庆、贵州等地农村饮水安全受益人口的比例超过1.4，位居第一序列；第二，福建、内蒙古、北京、辽宁、湖南、安徽、广东、海南、四川、广西、宁夏等地农村饮水安全受益人口的比例达到或超过1.2，不足1.4，位于第二序列；第三，河北、天津、山西、黑龙江、吉林、江西、湖北、上海、山东、云南、陕西、西藏、青海等地农村饮水安全受益人口的比例超过1，不足1.2，低于全国平均水平；第四，河南、甘肃、新疆等地农村饮水安全受益人口的比例低于1，远低于全国平均水平。见表2—23。

表2—23　按各地农村饮水安全受益人口比例的四分序列

排序	农村饮水安全受益人口比例	地区分布（个数）
1	1.4＜比值	浙江、江苏、重庆、贵州（4）
2	1.2≤比值＜1.4	福建、内蒙古、北京、辽宁、湖南、安徽、广东、海南、四川、广西、宁夏（11）
3	1＜比值＜1.2	河北、天津、山西、黑龙江、吉林、江西、湖北、上海、山东、云南、陕西、西藏、青海（13）
4	比值＜1	河南、甘肃、新疆（3）

单位：比值

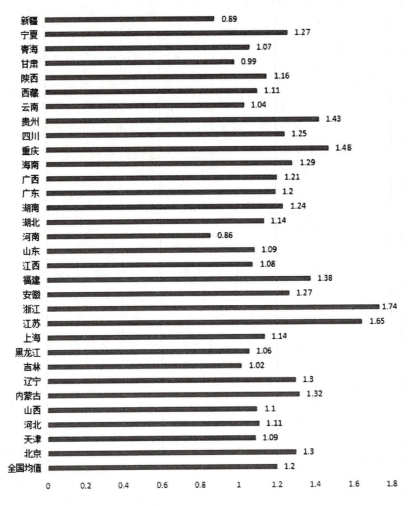

数据图来源：根据 2013 年《中国统计年鉴》和《中国农村统计年鉴》相关数据计算绘制。

图 2—19 各地农村饮水安全受益人口比例

三、村庄水利灌溉区域和省域之间均等化分析

下面从四个方面分析全国村庄水利灌溉区域和省域均等化情况。

（一）全国村庄灌溉的发展进程及特征

以下分析全国村庄灌溉，特别是机电灌溉和节水灌溉的动态特征。

1. 我国耕地与村庄水利设施总体情况

2006 年全国第二次农业普查时，全国耕地面积（未包括香港、澳门特别行政区和台湾省的数据）121775.9 千公顷。从地区分布情况看，西部地区分布的耕地较多，占 36.9％；东部地区、中部地区和东北地区分别占 21.7％、23.8％和 17.6％。从耕地类别看，旱地面积比重较大，占 55.1％；水田和水浇地面积分别占 26％和 18.9％。从坡度等级情况看，0—15 度的耕地比重最大，占 87.5％；15—25 度、25 度以上的耕地分别占 9.2％和 3.3％。见表 2—24。

表 2—24　耕地分布及分类情况（全国第二次农业普查数据）

	面积（千公顷）	占总量比重（％）
全国	121775.9	100.0
按地区		
东部地区	26395.2	21.7
中部地区	28991.6	23.8
西部地区	44937.9	36.9
东北地区	21451.2	17.6
按类别		
水　　田	31667.9	26.0
水浇地	22963.3	18.9
旱　　地	67144.7	55.1

全国 63.7 万个村有 1/5 的村农业用水没有保障，将近 1/10 的村无灌溉水源。主要水源是地表水的村有 38.97 万个，占 61.2％，地下水的村

有 17.71 万个，占 27.8%；灌溉无水源的村有 6.99 万个，占 11%。
50.60 万个有农田水利设施的村，在正常年景下用水有保障的占 79.48%；
23.79 万个村有机电井，占 37.7%。23.12 万个村有能够使用的灌溉用水
塘和水库，占 36.31%。11.47 万个村有排灌站，占 18.02%。全国水利
资金来源于国家投资的村有 60874 个（占 9.56%），来源于集体投资的有
85274 个村（占 13.39%），来源于其他投资的村有 42228 个（占
6.63%），无资金投入的村有 448405 个（占 70.42%）。

全国机电灌溉面积占耕地面积的比重为 26.6%；喷灌面积和滴灌渗
灌面积占耕地面积的比重分别为 1.8% 和 0.8%。东部地区机电灌溉面积
超过耕地面积的一半，占耕地面积的 54.9%，高出全国平均水平 28.3 个
百分点；西部和东北地区机电灌溉面积占各自耕地面积的比重分别为
13.1%、12.7%，远低于全国和东、中部地区的机电灌溉比重。见表 2
—25。

表 2—25　机电灌溉的区域差距状况（全国第二次农业普查数据，单位:%）

	全国	东部地区	中部地区	西部地区	东北地区
占耕地面积的比重					
机电灌溉面积	26.6	54.9	32.0	13.1	12.7
喷灌面积	1.8	2.8	2.9	0.7	1.0
滴灌渗灌面积	0.8	0.2	0.3	2.0	0.1

2006 年，全国设施农业中温室播种面积东部地区最高，西部地区其
次，东北地区与西部地区相差无几，中部地区最低；全国大棚和中、小棚
播种面积东部地区遥遥领先，其中大棚面积超过其他三个地区的总和，占
全国总数的 56%，中、小棚面积占全国总数的 45%。见表 2—26。

表 2-26 全国设施农业的区域差距状况（全国第二次农业普查数据，单位：千公顷）

	全国	东部地区	中部地区	西部地区	东北地区
温室面积	81	31	11	21	18
大棚面积	465	262	75	63	65
中、小棚面积	231	104	48	57	22

从考察农户的农业技术措施应用情况来看，全国机耕面积、机电灌溉面积、喷灌面积和滴灌面积占耕地面积的比重分别为 59.9%、26.6%、1.8% 和 0.8%；从考察单位的农业技术措施应用情况来看，全国上述四种类型面积占耕地面积的比重分别为 81.7%、25.5%、21% 和 11%。其中，机耕面积占耕地的比重由 1996 年的 42.1% 提高到 2006 年的 59.9%，增幅达 17.8%。可见，农业机械化的快速发展。据 1996 年和 2006 年两次农业普查数据显示，1996 年全国农村节水灌溉机械拥有量为 37.8 万套，2006 年增长到 4192 万套，十年间增加了 11 倍多[1]。

但是，对两次农业普查以及 2006 年水利统计数据进行分析，仍能看出当前全国大部分耕地面积只能靠天吃饭，农业机械化程度仍有提高空间。2006 年有效灌溉面积为 57078.42 千公顷，占全国耕地面积的 46.8%，不到一半；机电排灌面积占耕地面积比重两次普查的数据均为 26.6%，十年未发生变化，与水利统计数据基本吻合，水利部门统计 2006 年机电排灌面积为 37563.34 千公顷，占全国耕地面积的 30.8%，不足 1/3。[2]

2. 我国乡村人均耕地灌溉面积的动态特征

根据《中国水利统计年鉴》的历年数据，从 1980 年以来，我国按乡村人口历年人均耕地灌溉面积发展趋势呈现了三个显著的阶段特征：一是 1980 年以后直至 1996 年我国乡村人口人均耕地灌溉面积长达 16 年处于下降趋势，从人均 0.90 亩下降到约 0.81 亩；二是 1997 年至 2006 年用了

① 陈小江：《2009 中国水利发展报告》，中国水利水电出版社 2009 年版，第 442 页。
② 陈小江：《2009 中国水利发展报告》，中国水利水电出版社 2009 年版，第 442 页。

十年的时间我国乡村人口人均耕地灌溉面积恢复到 1973—1980 年期间的水平，到 2006 年才平稳恢复到人均 0.90 亩；三是 2007 年以来，乡村人均耕地灌溉面积增长趋势明显，从 2007 年 1.19 亩增长到 1.46 亩。见图 2—20。

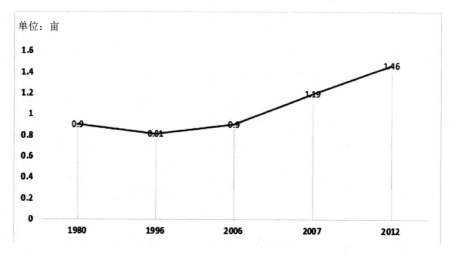

单位：亩

图 2—20　我国乡村人均耕地灌溉面积的动态特征

3. 我国历年机电灌溉发展的动态特征

根据《中国水利统计年鉴》的历年数据，从 1980 年以来，我国机电灌溉面积占耕地灌溉面积的比重呈现两大阶段特征：一是 1980—2004 年，二者的比重仅从 54.4% 提高到 58.4%，用了 1/4 个世纪只提高了 4 个百分点；二是 2005 年相比 2004 年提高了 4.5 个百分点，比重提高到 66.9%，到 2012 年达 68%，这个阶段的平均增速明显提高。见图 2—21。

（二）村庄水利灌溉的分区比较分析

下面根据全国第二次农业普查数据比较分析四大区域村庄水利灌溉情况。

1. 西部地区近 1/5 的村灌溉无水源

全国灌溉主要水源是地表水的村有 38.97 万个，占 61.2%。全国四

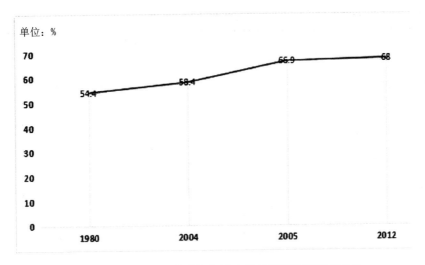

单位：%

图 2-21 我国历年机电灌溉面积占耕地灌溉面积的百分比

大区域中西部地区灌溉水源是地表水村的比例占 68.4％，高于全国均值；中部地区灌溉水源是地表水村的比例为 59.9％；东部地区灌溉水源是地表水村的比例为 58.4％；东北地区灌溉水源是地表水村的比例为 46.8％，中部、东部和东北地区均低于全国均值。灌溉主要水源是地下水的村有 17.71 万个，占 27.8％。全国四大区域中，东北地区灌溉水源是地下水的村占 48.6％；东部地区灌溉水源是地下水的村占 37.3％，高于全国均值；中部地区灌溉水源是地下水的村占 27.8％；西部地区灌溉水源是地下水的村占 12.6％，低于全国均值。全国灌溉无水源的村有 6.99 万个，占 11％。全国四大区域中，东部地区无灌溉水源村的比例只占 4.3％；东北地区无灌溉水源村的比例为 4.7％，东北和东部区域都较大幅度低于全国均值；中部地区无灌溉水源村的比例为 12.4％，较接近全国平均值；西部地区无灌溉水源村的比例达 19％，远高于全国均值。见表 2-27。

表2—27　各地区按灌溉主要水源分的村个数及比重（全国第二次农业普查数据）

地区	合计	灌溉主要水源是地表水的村		灌溉主要水源是地下水的村		灌溉无水源的村	
		个数（个）	比重（%）	个数（个）	比重（%）	个数（个）	比重（%）
全国总计	636675	389706	61.2	177101	27.8	69868	11.0
东部地区	233129	136168	58.4	87010	37.3	9951	4.3
中部地区	187174	112053	59.9	51964	27.8	23157	12.4
西部地区	186003	127284	68.4	23375	12.6	35344	19.0
东北地区	30369	14201	46.8	14752	48.6	1416	4.7

2. 全国70%以上的村庄无水利资金来源

全国水利资金主要来源于国家投资的村有60874个（占9.56%）。全国四大区域中，西部地区主要资金来源于国家的村占11.27%；中部地区主要资金来源于国家的村的比例为10.05%，高于全国均值；东部地区主要资金来源于国家的村的比例为8.38%；东北地区主要资金来源于国家的村占5.09%，低于全国均值。全国水利资金来源于集体投资的村有85274个（占13.39%）。全国四大区域中，东部地区主要资金来源于集体的村占19.62%；中部地区主要资金来源于集体的村占13.59%，高于全国均值；东北地区主要资金来源于集体的村占10.44%；西部地区主要资金来源于集体的村占5.86%，低于全国均值。全国水利资金来源于其他村的有42228个（占6.63%）。全国四大区域中，中部地区主要资金来源于其他村的占9.31%；西部地区主要资金来源于其他村的占5.78%；东部地区主要资金来源于其他村的占5.56%；东北地区主要资金来源于其他村的占3.54%，低于全国均值。全国无资金投入的有448405个村（占70.42%）。全国四大区域中，东部地区无资金来源的村占66.43%；中部地区无资金来源的村占67.05%，低于全国均值；西部地区无资金来源的村占77.10%；西部地区无资金来源的村占80.92%，高于全国均值。见表2—28。

表 2—28 各地区按水利投资的主要资金来源分的村比重（全国第二次农业普查数据）

地　　区	来源于国家的村	来源于集体的村	来源于其他的村	无资金的村
全国总计	9.56	13.39	6.63	70.42
东部地区	8.38	19.62	5.56	66.43
中部地区	10.05	13.59	9.31	67.05
西部地区	11.27	5.86	5.78	77.10
东北地区	5.09	10.44	3.54	80.92

3. 西部地区村庄水利设施情况较差

全国有农田水利设施的 50.60 万个村在正常年景下用水有保障，占79.48％。全国四大区域中，东部地区和东北地区在正常年景下用水有保障村的比例为 89.74％，都高于全国均值；中部地区在正常年景下用水有保障村的比例为 77.17％，较接近全国平均值；西部地区在正常年景下用水有保障村的比例为 67.27％，低于全国均值。全国在有农田水利设施的村中 23.79 万个村有机电井，占 37.7％。全国四大区域中，东北地区有机电井的村的比例为 54.59％；东部地区有机电井的村的比例为 47.92％，东北地区和东部地区都高于全国均值；中部地区有机电井的村的比例为34.93％，较接近全国平均值；西部地区有机电井的村的比例为 23.80％，低于全国均值。全国 23.12 万个村有能够使用的灌溉用水塘和水库，占36.31％。全国四大区域中，中部地区最多，有 46.06％的村有能够使用的灌溉用水塘和水库；西部地区有 33.29％的村有能够使用的灌溉用水塘和水库，东部地区有 32.48％的村有能够使用的灌溉用水塘和水库；东北地区最少，有 24.12％的村有能够使用的灌溉用水塘和水库。全国 11.47万个村有排灌站，占 18.02％。全国四大区域中，中部地区最多，有20.81％的村有排灌站；东部地区有 19.87％的村有排灌站，东部和中部高于全国平均值；西部地区有 14.16％的村有排灌站；东北地区最少，有10.24％的村有排灌站，西部和东北低于全国平均值。见表 2—29。

表 2-29　各地区有农田水利设施的村比重（全国第二次农业普查数据）

地　区	在正常年景下用水有保障的村	有机电井的村	有能够使用的灌溉用水塘和水库的村	有排灌站的村
全国总计	79.48	37.37	36.31	18.02
东部地区	89.74	47.92	32.48	19.87
中部地区	77.17	34.93	46.06	20.81
西部地区	67.27	23.80	33.29	14.16
东北地区	89.74	54.59	24.12	10.24

（三）各省级行政区村庄水利灌溉设施的比较分析

本部分比较分析 31 个省级行政区村庄水利灌溉设施的均等化情况。

1. 各地村庄灌溉水源的比较

按灌溉无水源村的比例，全国 31 个省级行政区可以划分为四个区域序列：第一，灌溉无水源村的比例在 3% 以下的有江西、安徽、福建、山东、江苏、新疆、辽宁等地；第二，灌溉无水源村的比例在 3%—10% 的有上海、浙江、天津、河北、湖南、湖北、广东、广西、吉林、海南、四川、黑龙江、河南等地；第三，灌溉无水源村的比例在 10%—35% 的有内蒙古、重庆、云南、北京、贵州、西藏、陕西等地；第四，宁夏、青海、甘肃、山西等地灌溉无水源村的比例在 35% 以上。见表 2—30、表 2—31。

表 2-30　各地灌溉无水源村所占百分比的四分序列

序列	灌溉无水源村的百分比	地区分布（个数）
1	3% 以下	江西、安徽、福建、山东、江苏、新疆、辽宁（7）
2	3%—10%	上海、浙江、天津、河北、湖南、湖北、广东、广西、吉林、海南、四川、黑龙江、河南（13）
3	10%—35%	内蒙古、重庆、云南、北京、贵州、西藏、陕西（7）
4	35% 以上	宁夏、青海、甘肃、山西（4）

表2－31 各地按灌溉主要水源分的村个数及比重（全国第二次农业普查数据）

地区	合计	灌溉主要水源是地表水的村		灌溉主要水源是地下水的村		灌溉无水源的村	
		个数（个）	比重（%）	个数（个）	比重（%）	个数（个）	比重（%）
全国总计	636675	389706	61.2	177101	27.8	69868	11.0
北　京	3973	432	10.9	2766	69.6	775	19.5
天　津	3822	1844	48.2	1834	48.0	144	3.8
河　北	49248	6972	14.2	38853	78.9	3423	7.0
山　西	28263	4952	17.5	9010	31.9	14301	50.6
内蒙古	11668	2955	25.3	7436	63.7	1277	10.9
辽　宁	11924	4902	41.1	6671	55.9	351	2.9
吉　林	9441	5126	54.3	3998	42.3	317	3.4
黑龙江	9004	4173	46.3	4083	45.3	748	8.3
上　海	1866	1777	95.2	23	1.2	66	3.5
江　苏	18658	17544	94.0	595	3.2	519	2.8
浙　江	33214	31191	93.9	721	2.2	1302	3.9
安　徽	21714	15207	70.0	6136	28.3	371	1.7
福　建	14749	13574	92.0	785	5.3	390	2.6
江　西	17430	16349	93.8	872	5.0	209	1.2
山　东	84125	41552	49.4	40196	47.8	2377	2.8
河　南	47997	11024	23.0	32447	67.6	4526	9.4
湖　北	26752	23420	87.5	1242	4.6	2090	7.8
湖　南	45018	41101	91.3	2257	5.0	1660	3.7
广　东	20898	19038	91.1	1095	5.2	765	3.7
广　西	14787	12832	86.8	721	4.9	1234	8.3
海　南	2576	2244	87.1	142	5.5	190	7.4
重　庆	10147	8654	85.3	282	2.8	1211	11.9
四　川	50800	44877	88.3	1919	3.8	4004	7.9
贵　州	19787	14187	71.7	1561	7.9	4039	20.4
云　南	13080	10966	83.8	415	3.2	1699	13.0
西　藏	5863	3925	66.9	228	3.9	1710	29.2

续表

陕　西	27646	11497	41.6	6766	24.5	9383	33.9
甘　肃	16365	5938	36.3	2485	15.2	7942	48.5
青　海	4169	2231	53.5	157	3.8	1781	42.7
宁　夏	2373	1213	51.1	282	11.9	878	37.0
新　疆	9318	8009	86.0	1123	12.1	186	2.0

2. 各地村庄水利资金投入情况的比较

按水利无资金投入村的百分比，全国 31 个省级行政区划分为四个区域序列的情况：第一，江苏、福建、广东等地 50％以下的村水利无资金投入，同时这三个地方 50％以上的村有资金投入，除这三省之外，其他地方大部分村庄无资金投入，同时，这三个地方水利资金主要来源于集体投入；第二，海南、上海、浙江、江西、安徽、北京、天津、河北、湖南、湖北、重庆、广西、云南、河南、新疆等地 50％—75％的村水利无资金投入；第三，山西、内蒙古、辽宁、黑龙江、山东、西藏、四川、甘肃、宁夏、陕西等地 75％—80％的村水利无资金投入；第四，吉林、贵州、青海等地 80％以上的村水利无资金投入。见表 2−32，表 2−33。

表 2−32　各地水利无资金投入村所占百分比的四分序列

序列	水利无资金投入村的百分比	地区分布（个数）
1	50％以下	江苏、福建、广东（3）
2	50％—75％	海南、上海、浙江、江西、安徽、北京、天津、河北、湖南、湖北、重庆、广西、云南、河南、新疆（15）
3	75％—80％	山西、内蒙古、辽宁、黑龙江、山东、西藏、四川、甘肃、宁夏、陕西（10）
4	80％以上	吉林、贵州、青海（3）

表 2—33 各地按水利投资的主要资金来源分的村比重（全国第二次农业普查数据）

地 区	来源于国家的村	来源于集体的村	来源于其他的村	无资金的村
全国总计	9.56	13.39	6.63	70.42
北 京	11.89	15.94	1.11	71.06
天 津	3.58	20.62	1.18	74.62
河 北	5.91	15.94	6.59	71.56
山 西	5.36	9.82	4.96	79.85
内 蒙 古	8.11	7.85	4.86	79.18
辽 宁	6.49	9.98	3.56	79.97
吉 林	3.86	9.59	3.16	83.40
黑 龙 江	4.54	11.94	3.93	79.59
上 海	4.82	28.24	2.30	64.63
江 苏	11.70	38.40	10.77	39.13
浙 江	15.78	18.91	1.45	63.86
安 徽	8.28	16.64	11.42	63.65
福 建	20.54	22.17	7.72	49.57
江 西	17.43	17.89	10.25	54.43
山 东	2.41	15.62	4.51	77.47
河 南	8.83	10.70	7.84	72.62
湖 北	9.36	17.58	10.63	62.43
湖 南	12.69	13.52	11.46	62.32
广 东	14.30	27.15	9.47	49.08
广 西	12.08	7.21	8.21	72.50
海 南	17.74	16.27	7.49	58.50
重 庆	16.25	5.07	8.93	69.75
四 川	8.86	4.90	7.11	79.14
贵 州	14.50	2.35	2.58	80.57
云 南	21.43	6.64	7.79	64.14
西 藏	9.81	1.98	3.79	84.43
陕 西	10.94	5.55	3.60	79.91
甘 肃	8.40	4.61	7.02	79.97
青 海	8.13	2.45	1.70	87.72
宁 夏	11.67	9.69	7.37	71.26
新 疆	8.83	19.74	3.26	68.17

3.各地村庄水利设施保障情况比较

按在正常年景下用水有保障村所占百分比，全国31个省级行政区划分为四个区域序列的情况：第一，上海、江苏、安徽、辽宁、吉林、山东、天津等地90％的村在正常年景下用水有保障；第二，浙江、黑龙江、江西、福建、广东、河北、湖北、河南、新疆等地80％—90％的村在正常年景下用水有保障；第三，北京、湖南、内蒙古、重庆、四川、广西、宁夏、云南、陕西、贵州、海南等地50％—80％的村在正常年景下用水有保障；第四，山西、青海、西藏、甘肃等地50％以下的村在正常年景下用水有保障。见表2—34。

表2—34　各地在正常年景下用水有保障村所占百分比的四分序列

序列	在正常年景下用水有保障的村所占百分比	地区分布（个数）
1	90％以上	上海、江苏、安徽、辽宁、吉林、山东、天津（7）
2	80％—90％	浙江、黑龙江、江西、福建、广东、河北、湖北、河南、新疆（9）
3	50％—80％	北京、湖南、内蒙古、重庆、四川、广西、宁夏、云南、陕西、贵州、海南（11）
4	50％以下	山西、青海、西藏、甘肃（4）

按有能够使用的灌溉用水塘和水库的村所占百分比，全国31个省级行政区划分为四个区域序列的情况：第一，江西、安徽、重庆、湖南、湖北、四川等地60％以上的村有能够使用的灌溉用水塘和水库；第二，江苏、浙江、福建、广东、广西、海南、云南、山东、新疆等地30％—60％的村有能够使用的灌溉用水塘和水库；第三，辽宁、吉林、黑龙江、天津、宁夏、陕西、贵州、河南、西藏等地10％—30％的村有能够使用的灌溉用水塘和水库；第四，北京、上海、河北、山西、内蒙古、青海、甘肃等地10％以下的村有能够使用的灌溉用水塘和水库。见表2—35。

表 2－35　各地有能够使用的灌溉用水塘和水库的村所占百分比的四分序列

序列	有能够使用的灌溉用水塘和水库的村的百分比	地区分布（个数）
1	60%以上	江西、安徽、重庆、湖南、湖北、四川（6）
2	30%—60%	江苏、浙江、福建、广东、广西、海南、云南、山东、新疆（9）
3	10%—30%	辽宁、吉林、黑龙江、天津、宁夏、陕西、贵州、河南、西藏（9）
4	10%以下	北京、上海、河北、山西、内蒙古、青海、甘肃（7）

　　按有机电井村所占百分比，全国 31 个省级行政区划分为四个区域序列的情况：第一，北京、天津、河北、内蒙古、黑龙江、山东、河南等地 60%以上的村有机电井；第二，辽宁、吉林、山西、江西、安徽、陕西、宁夏、新疆等地 30%—60%以上的村有机电井；第三，湖南、湖北、四川、广西、海南、江苏、重庆、甘肃等地 10%—30%以上的村有机电井；第四，上海、浙江、福建、广东、贵州、云南、西藏、青海等地 10%以下的村有机电井。见表 2－36。

表 2－36　各地有机电井的村所占百分比的四分序列

序列	有机电井村的百分比	地区分布（个数）
1	60%以上	北京、天津、河北、内蒙古、黑龙江、山东、河南（7）
2	30%—60%	辽宁、吉林、山西、江西、安徽、陕西、宁夏、新疆（8）
3	10%—30%	湖南、湖北、四川、广西、海南、江苏、重庆、甘肃（8）
4	10%以下	上海、浙江、福建、广东、贵州、云南、西藏、青海（8）

　　按有排灌站村所占百分比，全国 31 个省级行政区划分为四个区域序列的情况：第一，上海、江苏两地 60%以上的村庄有排灌站；第二，天津、浙江、江西、湖北等地 30—60%的村庄有排灌站；第三，辽宁、福建、山东、安徽、四川、湖南、广西、宁夏、海南、云南、重庆、广东等地 10%—30%的村庄有排灌站；第四，北京、河北、山西、内蒙古、吉林、黑龙江、贵州、西藏、青海、河南、陕西、新疆、甘肃等地 10%以

下的村庄有排灌站。见表2—37，表2—38。

表2—37 各地有排灌站村所占百分比的四分序列

序列	有排灌站村的百分比	地区分布（个数）
1	60%以上	上海、江苏（2）
2	30%—60%	天津、浙江、江西、湖北（4）
3	10%—30%	辽宁、福建、山东、安徽、四川、湖南、广西、宁夏、海南、云南、重庆、广东（12）
4	10%以下	北京、河北、山西、内蒙古、吉林、黑龙江、贵州、西藏、青海、河南、陕西、新疆、甘肃（13）

表2—38 各地区有农田水利设施的村比重（全国第二次农业普查数据）

地区	在正常年景下用水有保障的村	有机电井的村	有能够使用的灌溉用水塘和水库的村	有排灌站的村
全国总计	79.48	37.37	36.31	18.02
北　京	75.94	79.21	5.78	6.89
天　津	90.27	85.03	13.76	35.77
河　北	87.20	86.84	8.97	7.79
山　西	41.21	37.59	5.16	4.97
内蒙古	77.07	68.99	7.03	4.93
辽　宁	92.40	50.47	28.56	13.12
吉　林	90.55	49.14	23.68	9.89
黑龙江	85.36	65.75	18.69	6.81
上　海	95.18	1.13	3.86	61.09
江　苏	94.88	10.12	43.20	73.04
浙　江	89.60	5.62	49.77	32.95
安　徽	92.18	30.46	68.05	29.39
福　建	86.74	8.58	36.35	11.19
江　西	87.57	12.00	71.20	31.12
山　东	93.32	65.44	34.79	10.08
河　南	84.31	76.68	20.31	7.48
湖　北	80.47	11.21	61.79	38.98

续表

湖　　南	78.89	13.87	69.51	26.03
广　　东	84.14	9.23	48.08	22.24
广　　西	73.81	11.88	44.88	18.02
海　　南	65.72	20.81	46.86	13.55
重　　庆	75.58	17.79	71.06	25.00
四　　川	79.88	25.00	61.30	25.14
贵　　州	60.47	3.96	25.13	8.61
云　　南	68.72	4.89	40.53	13.83
西　　藏	49.22	2.01	19.31	1.62
陕　　西	53.06	36.28	9.98	7.91
甘　　肃	43.75	24.17	5.92	4.97
青　　海	44.28	6.60	7.15	7.17
宁　　夏	56.89	30.80	7.21	12.09
新　　疆	86.85	36.74	5.57	6.40

（四）各省级行政区耕地灌溉受益情况的比较分析

本部分通过 4 个单项指标比较分析 31 个省级行政区耕地灌溉受益情况。

1. 各地乡村人均耕地灌溉面积

按 2012 年各地乡村人均耕地灌溉面积的多少划分，全国 31 个省级行政区可以分成四个区域序列：第一，内蒙古、黑龙江、新疆等地乡村人均耕地灌溉面积为 4—5.7 亩；第二，江苏、安徽、天津、河北、吉林、山东、湖北、辽宁、广东、广西、宁夏等地乡村人均耕地灌溉面积为 1.52—2.34 亩；第三，山西、上海、浙江、江西、福建、河南、湖南、海南、西藏、甘肃等地乡村人均耕地灌溉面积为 1—1.46 亩；第四，北京、重庆、四川、贵州、云南、陕西、青海等地乡村人均耕地灌溉面积不足 1 亩。见表 2—39，图 2—22。

表 2-39　各地乡村人均耕地灌溉面积的四分序列

序列	乡村人均耕地灌溉面积 （单位：亩）	地区分布（个数）
1	4≤人均≤5.7	内蒙古、黑龙江、新疆（3）
2	1.52≤人均≤2.34	江苏、安徽、天津、河北、吉林、山东、湖北、辽宁、广东、广西、宁夏（11）
3	1＜人均＜1.46	山西、上海、浙江、江西、福建、河南、湖南、海南、西藏、甘肃（10）
4	人均＜1	北京、重庆、四川、贵州、云南、陕西、青海（7）

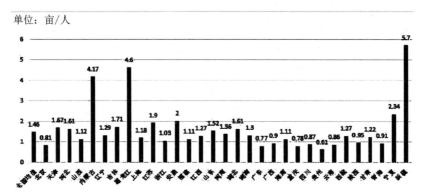

数据图来源：根据 2013 年《中国水利统计年鉴》和《中国农村统计年鉴》相关数据绘制。

图 2-22　2012 年各地乡村人口人均耕地灌溉面积比较

2. 各地耕地灌溉面积占耕地面积的比值

按 2012 年各地耕地灌溉面积占耕地面积的比值，全国 31 个省级行政区分成四个区域序列的情况：第一，上海、江苏、福建、新疆等地耕地灌溉面积占耕地面积的比值超过 0.8，最多达到 0.99；第二，北京、河北、浙江、安徽、江西、山东、河南、辽宁、湖南、广东、海南等地耕地灌溉面积占耕地面积的比值超过或达到 0.6，不足 0.8；第三，天津、内蒙古、黑龙江、湖北、山西、广西、四川、陕西、青海、宁夏等地耕地灌溉面积占耕地面积的比值超过 0.3，不足 0.6；第四，重庆、贵州、云南、甘肃、吉林、西藏等地耕地灌溉面积占耕地面积的比值超过 0.2，不足 0.3。见表 2—40 和图 2—23。

表 2—40　各地耕地灌溉面积占耕地面积比值的四分序列

序列	耕地灌溉面积占耕地面积的比值	地区分布（个数）
1	0.8＜比值≤0.99	上海、江苏、福建、新疆（4）
2	0.6≤比值＜0.8	北京、河北、浙江、安徽、江西、山东、河南、辽宁、湖南、广东、海南（11）
3	0.3＜比值＜0.6	天津、内蒙古、黑龙江、湖北、山西、广西、四川、陕西、青海、宁夏（10）
4	0.2＜比值＜0.3	重庆、贵州、云南、甘肃、吉林、西藏（6）

单位：比值

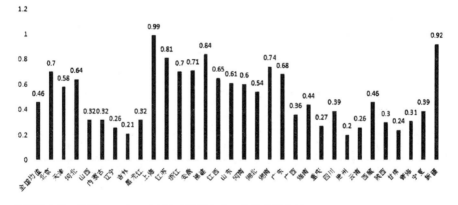

数据图来源：根据 2013 年《中国水利统计年鉴》相关数据绘制。

图 2—23　2012 年各地耕地灌溉面积占耕地面积的比值

3. 各地机电灌溉面积占耕地灌溉面积的比值

按 2012 年各地机电灌溉面积占耕地灌溉面积的比值，全国 31 个省级行政区分成四个区域序列的情况：第一，北京、天津、河北、内蒙古、辽宁、吉林、上海、山东等地机电灌溉面积占耕地灌溉面积的比值达到 0.99；第二，山西、黑龙江、江苏、浙江、安徽、江西、河南、陕西等地机电灌溉面积占耕地灌溉面积的比值达到或超过 0.68，不足 0.99；第三，湖北、四川、湖南、广东、宁夏、重庆、甘肃、新疆等地机电灌溉面积占耕地灌溉面积的比值超过 0.2，小于或等于 0.48；第四，福建、广西、青海、海南、贵州、云南、西藏等地机电灌溉面积占耕地灌溉面积的比值不足 0.2。见表 2—41 和图 2—24。

表 2—41　各地机电灌溉面积占耕地灌溉面积比值的四分序列

序列	机电灌溉面积占耕地灌溉面积的比值	地区分布（个数）
1	0.99≤比值	北京、天津、河北、内蒙古、辽宁、吉林、上海、山东（8）
2	0.68≤比值<0.99	山西、黑龙江、江苏、浙江、安徽、江西、河南、陕西（8）
3	0.2<比值≤0.48	湖北、四川、湖南、广东、宁夏、重庆、甘肃、新疆（8）
4	比值<0.2	福建、广西、青海、海南、贵州、云南、西藏（7）

单位：比值

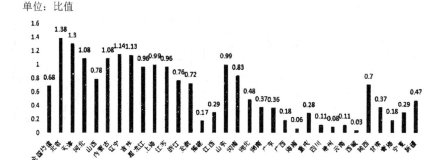

数据图来源：根据 2013 年《中国水利统计年鉴》相关数据绘制。

图 2—24　2012 年各地机电灌溉面积占耕地灌溉面积比值的比较

4. 各地节水灌溉面积占灌溉面积的比值

按 2012 年各地节水灌溉面积占灌溉面积的比值，全国 31 个省级行政区分成四个区域序列的情况：第一，北京、天津两地节水灌溉面积占灌溉面积的比值超过 0.9；第二，内蒙古、河北、山西、浙江、山东、四川、辽宁、陕西、宁夏、甘肃、新疆等地节水灌溉面积占灌溉面积的比值达到或超过 0.5，不足 0.78；第三，黑龙江、河南、广西、青海、重庆、贵州、云南、吉林、海南、上海、江苏、福建等地节水灌溉面积占灌溉面积的比值超过 0.2，不足 0.5；第四，安徽、江西、湖北、湖南、广东、西藏等地节水灌溉面积占灌溉面积的比值小于或等于 0.2。见表 2—42 和图 2—25。

表 2—42　各地节水灌溉面积占灌溉面积比值的四分序列

序列	节水灌溉面积占灌溉面积的比值	地区分布（个数）
1	0.9＜比值	北京、天津（2）
2	0.5≤比值＜0.78	内蒙古、河北、山西、浙江、山东、四川、辽宁、陕西、宁夏、甘肃、新疆（11）
3	0.2＜比值＜0.5	黑龙江、河南、广西、青海、重庆、贵州、云南、吉林、海南、上海、江苏、福建（12）
4	比值≤0.2	安徽、江西、湖北、湖南、广东、西藏（6）

单位：比值

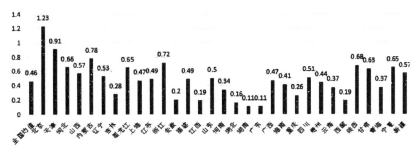

数据图来源：根据 2013 年《中国水利统计年鉴》相关数据绘制。

图 2—25　2012 年各地节水灌溉面积占灌溉面积比值的比较

四、综合评估：区域和省域之间均等化趋势显现

下面对全国 31 个省级行政区在小型水利投资、农村饮水安全和村庄水利灌溉等三个方面的发展状况进行综合评估。综合评估分Ⅰ、Ⅱ、Ⅲ、Ⅳ四个等级。根据上述单项指标评价的结果，各地单项指标有一项处于全

国"区域序列1"的对应获得一个"A"评等级；单项指标有一项处于全国"区域序列2"的对应获得一个"B"评等级；单项指标有一项处于全国"区域序列3"的对应获得一个"C"评等级；单项指标有一项处于全国"区域序列4"的对应获得一个"D"评等级。总体上，根据单项指标的区域序列评价状况，分析全国31个省级行政区农村小型水利发展的均等化状况，详情和评估结果如下。

（一）小型水利投资均等化综合评估

根据上述第一部分小型水利投资省域均等化分析的8个单项指标的四分序列表，汇总形成31个省级行政区小型水利投资单项指标的序列总表，见表2-44。通过表2-44，对31个省级行政区进行四个等级的综合评估，形成综合评估表2-43。由此可以发现：第一，全国31个省级行政区之间小型水利投资综合评估的均等化程度较高，基本形成了两头小、中间大的"橄榄形"分布格局；第二，重庆、浙江、上海、江苏、天津等地基础最好，近年小型水利投资热度不减，均等化程度相应提高；第三，宁夏、内蒙古、西藏、青海小型水利投资有待增加，均等化程度相对较低；第四，其他各地投资指标各有特色，西部地区的新疆，中部地区的湖北、湖南、安徽等地呈现较好态势，均等化程度在提高。

表 2-43　各地小型水利投资均等化综合评估

总评	8个单项指标的评价分级	地区分布（个数）
Ⅰ	4A 以上	重庆、浙江、上海、江苏、天津（5）
Ⅱ	3A 或 4B 以上	新疆、湖北、湖南、安徽、北京、山东、河南、云南、广东、广西、海南、陕西（12）
Ⅲ	3B 或 4C 以上	黑龙江、河北、山西、江西、四川、辽宁、甘肃、贵州、吉林、福建（10）
Ⅳ	4D 或 3C＋2D 以上	宁夏、内蒙古、西藏、青海（4）

表 2-44　各地小型水利投资单项指标的序列分布汇总

地　区	8个单项指标的序列分布			
	I	II	III	IV
北　京		BBBBB		DDD
天　津	AAAA	B	C	DD
河　北		B	CCCCCC	
山　西		BBB	CCCCC	
内 蒙 古		BB	CCC	DDD
辽　宁		B	CCCC	DDD
吉　林			CCCCCC	DD
黑 龙 江		BBB	CCC	D
上　海	AAAAA		CC	D
江　苏	AAAA	BBBB		
浙　江	AAAAAAA	B		
安　徽		BBBBB	CCC	
福　建			CCCCC	DDD
江　西		BB	CCCCC	
山　东		BBBB	C	DD
河　南	A	BBBB	CCC	DD
湖　北	A	BBBBBBB		
湖　南		BBBBB	C	
广　东		BBBB	C	DD
广　西		BBBB	CCCC	
海　南		BBBB	CC	DDD
重　庆	AAAAAAAA			
四　川		BB	CCCC	DD
贵　州		BB	CCCCC	
云　南		BBBBBB	CC	
西　藏	AA			DDDDD
陕　西		BBBB	CCCC	
甘　肃		B	CCCCC	D
青　海		BBB		DDDD
宁　夏	A	B	CCC	DD
新　疆	AAA	BB		DDD

（二）农村饮水安全均等化综合评估

根据上述第二部分农村饮水安全省域均等化分析的 5 个单项指标的四分序列表，汇总形成 31 个省级行政区农村饮水安全单项指标的序列总表，见表 2－46。通过表 2－46，对 31 个省级行政区进行四个等级的综合评估，形成综合评估表 2－45。由此可以发现：第一，全国省级行政区之间农村饮水安全综合评估的均等化程度较高，基本形成了两头小、中间大的"橄榄形"分布格局；第二，浙江、江苏、北京、上海等地基础最好，近年农村饮水安全均等化程度相应提高；第三，江西、河南两地农村饮水安全工程建设有待加强，均等化程度相对较低；第四，其他各地投资指标各有特色，西部地区的广西、宁夏，中部地区的山西和东北的辽宁、黑龙江等地呈现较好态势，均等化程度在提高。

表 2－45　农村饮水安全均等化综合评价

总评	5 个单项指标的评价分级	地区分布（个数）
Ⅰ	5A 或 4A	浙江、江苏、北京、上海（4）
Ⅱ	2A 或无 D	天津、山东、广东、福建、山西、广西、海南、河北、辽宁、内蒙古、黑龙江、宁夏（12）
Ⅲ	2D 或 1D	重庆、新疆、四川、湖北、云南、陕西、青海、贵州、甘肃、安徽、西藏、吉林、湖南（13）
Ⅳ	3D	江西、河南（2）

表 2－46　农村饮水安全单项指标的序列分布汇总

地　区	5 个单项指标的序列分布			
	Ⅰ	Ⅱ	Ⅲ	Ⅳ
北　京	AAAA	B		
天　津	AA	BB	C	
河　北		BBB	CC	
山　西	A	B	CCC	
内 蒙 古		BB	CCC	
辽　宁		BB	CCC	

吉　林		B	CC	DD
黑龙江		BB	CCC	
上　海	AAAA		C	
江　苏	AAAAA			
浙　江	AAAAA			
安　徽		BB	C	DD
福　建		BBBBB		
江　西		B	C	DDD
山　东	A	BBB	C	
河　南		B	C	DDD
湖　北			CCCC	D
湖　南		B	CC	DD
广　东	A	BBB	C	
广　西		B	CCCC	
海　南		B	CCCC	
重　庆	A		CCC	D
四　川		B	CCC	D
贵　州	A	B	C	DD
云　南		B	CCC	D
西　藏	A		CC	DD
陕　西		BB	CC	D
甘　肃			CCC	DD
青　海	A	B	CC	D
宁　夏		BB	CCC	
新　疆		BBB	C	D

（三）村庄水利灌溉均等化综合评估

根据上述第三部分村庄水利灌溉区域均等化分析的 10 个单项指标的四分序列表，汇总形成 31 个省级行政区村庄水利灌溉单项指标的序列总表，见表 2—48。通过表 2—48，对 31 个省级行政区进行四个等级的综合评估，形成综合评估表 2－47。由此可以发现：第一，全国省级行政区之间村庄水利灌溉综合评价的均等化程度较高，基本形成了两头小、中间大的"橄榄形"分布格局；第二，江苏、上海、天津、浙江等地基础最好，村庄水利灌溉均等化程度相应提高；第三，山西、云南、贵州、西藏、甘肃、青海等村庄灌溉条件很差，均等化程度相对较低；第四，其他各地投资指标各有特色，东北三省，西部地区的新疆，中部地区的安徽、江西等地村庄灌溉均等化程度较高。

表 2－47　村庄灌溉均等化综合评估

总评	10 个单项指标的评价分级	地区分布（个数）
Ⅰ	4A 以上或 8B	江苏、上海、天津、浙江（4）
Ⅱ	3A 或 2A	辽宁、山东、新疆、安徽、北京、内蒙古、福建、河北、江西、黑龙江、吉林（11）
Ⅲ	1A 或 1D 或 2D	湖北、河南、湖南、广东、重庆、四川、宁夏、陕西、广西、海南（10）
Ⅳ	4D 以上	山西、云南、贵州、西藏、甘肃、青海（6）

表 2－48　村庄灌溉单项指标的序列分布汇总

地　区	10 个单项指标的序列分布			
	Ⅰ	Ⅱ	Ⅲ	Ⅳ
北　京	AAA	BB	CC	DDD
天　津	AAAA	BBBB	CC	
河　北	AA	BBBBBB		DD
山　西		BBB	CCC	DDDD
内 蒙 古	AAA	B	CCCC	DD
辽　宁	AAA	BBBB	CCC	
吉　林	AA	BBB	CC	DDD
黑 龙 江	AA	BBB	CCCC	D
上　海	AAAA	BB	CC	DD
江　苏	AAAAA	BBB	CC	
浙　江		BBBBBBBB	C	D

续表

安　徽	AAA	BBBBB	C	D
福　建	AAA	BB	CCCC	DD
江　西	AA	BBBBB	C	D
山　东	AA	BBBBB	CC	
河　南	A	BBBBB	CCC	D
湖　北	A	BBBBB	CCC	D
湖　南	A	BBB	CCCCC	DD
广　东	A	BBBBB	CC	DD
广　西		BBBB	CCCCC	D
海　南		BBBB	CCCCC	D
重　庆	A	B	CCCCC	D
四　川	A	BB	CCCCC	D
贵　州			CCCC	DDDDD
云　南		BB	CCCC	DDDD
西　藏			CCCC	DDDDD
陕　西		BBB	CCCCC	DD
甘　肃		B	CCCC	DDDDD
青　海			CC	DDDDDDD
宁　夏		BBB	CCCCC	D
新　疆	AAA	BBBBB	C	D

第三章 省域内均等化评估与
地方改革执行案例分析

开展省域内均等化评估研究，主要着眼于地方政府执行国家农村小型改革发展决策和政策的效果。"切实贯彻执行党和上级政府制定的政策是各级地方政府的重要职责，也是衡量地方政府执政效能的依据和前提。地方政府政策执行的能力与水平，关系到公共政策能否顺利实施、政府在民众中的威信与公信力、社会主义民主政治建设以及社会公平正义的实现。"① 农村小型水利改革领域，地方政府的执行力怎样？改革成果是否朝着均等化的路径迈进？本章将以湖北省为例，在对湖北省农村小型水利发展与均等化现状分析的基础上，对中央政府部门依次规划决策和深入推进的农村饮水安全工程、以转变建设投入方式为主要特征的"小型农田水利重点县建设"项目和农村小型水利产权与管护改革等三个方面的改革决策开展执行力评估和均等化绩效评估。下面从第二部分开始，将围绕这三个方面的改革推进路径分别进行评估分析。

"执行是以结果为导向的行动过程，执行力就是把目标转变成结果的能力"②，会受到政府投入、执行过程、机制模式及其系统化特征等综合因素的影响。本课题对改革执行的评估遵循执行力或绩效评估的逻辑模型，见图 3—1。下面将着重分析农村小型水利政策改革的执行结果与执行的过程和机制、模式及特征。

---

① 周仁标：《论地方政府政策执行的困境与路径优化》，《政治学研究》2014 年第 3 期。
② 李进军：《国有商业银行基层机构执行力探讨》，《企业科技与发展》2014 年 4 月。

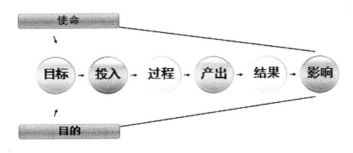

图 3-1 执行力或绩效测量的逻辑模型[①]

一、湖北省农村小型水利发展与均等化评估

湖北省是全国重要的水利大省，新中国成立以来经过六十多年的建设，已初步形成了防洪、排涝、灌溉三大工程体系。全省江河堤防总长1.1万多千米，其中中、小河流及堤防8000多千米。全省有各类水库6459座，其中大型77座、中型282座、小型水库6100座，总库容260亿立方米。全省建成固定电力排灌泵站2.5万余座，装机248万千瓦，其中单机800千瓦以下中、小型泵站2万多座。建有各类排水涵闸21847座，其中小型水闸21000多座。全省各类小型农田水利工程、小型水电站、农村饮水安全工程等200多万个。这些小型水利工程在改善农村生产生活条件、抗御水旱自然灾害、保障粮食生产安全以及经济社会发展中发挥着不可替代的基础性和支撑性作用。

(一) 湖北省小型水利投资发展现状与特征

下面从四个方面分析比较湖北省小型水利投资发展现状与特征。

1. 小型水利建设投资大幅度增长

2008年以来，湖北小型水利建设投资完成额呈现以下特点：一是2008年至2010年以前，每年投资完成额总量较少，但每年投资总额保持

---

① 宋世民关于《提升政府执行力》的专题讲座。

了小幅增长的趋势；二是从 2011 年出现了下降；三是 2012 年出现了大幅度增长，当年投资总额超过前两年的总和，超过 147 亿元。见图 3－2。

单位：万元

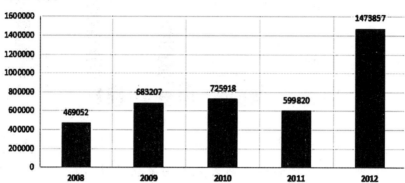

数据图来源：根据 2009—2013 年《中国水利统计年鉴》相关数据绘制。

图 3－2　2008—2012 年湖北小型水利建设投资完成额

2．小型水利投资占全部水利投资额的比重较低

第一，2008—2009 年湖北水利投资完成额偏低，以小型水利投资为主；第二，2012 年湖北水利投资完成额大幅增长，其中 2010 年水利投资完成额增幅最大；第三，湖北省总体上以大、中型水利建设投资为主，小型水利建设投资占全部投资的份额没有达到 50％。见图 3－3。

3．人均小型水利投资额不高，人均水利投资额较高

2012 年按全国农业生产经营户常住人口[①]人均投资完成额约 417 元，湖北按农业生产经营户常住人口计算得出小型水利人均投资完成额超过 417 元，不足 1000 元，在全国处于第二序列。

全国 5 年（2008—2012 年）总计按农业生产经营户常住人口[②]人均小型投资完成额约 1302 元，湖北按农业生产经营户常住人口计算得出小型

---

①　数据来源于《全国第二次农业普查资料汇编》。

②　数据来源于《全国第二次农业普查资料汇编》。

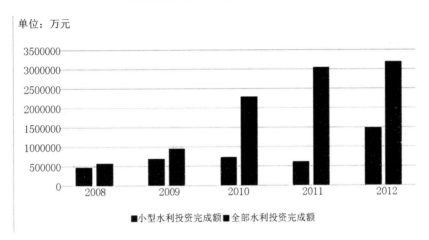

单位：万元

数据图来源：根据 2009—2013 年《中国水利统计年鉴》相关数据绘制。

图 3—3　湖北大、中、小型水利投资完成额比较

水利人均投资完成额没有超过 1302 元，未达到全国平均水平，在全国处于第三序列。

2012 年全国按年末常住人口人均水利建设投资完成额约 293 元，湖北人均超过 500 元，在全国处于第一序列，反映了湖北 2012 年提高水利服务均等化水平的努力。

4. 单位国土面积小型水利建设投资额较高

2012 年全国单位国土面积小型水利建设投资 28724 元，湖北每平方千米超过了 40000 元，超过全国平均水平，在全国处于第二序列；2008—2012 年全国单位国土面积小型水利建设投资 89542 元，湖北每平方千米超过了 200000 元，在全国处于第二序列；2012 年全国单位国土面积水利建设投资 41294 元，湖北接近 200000 元，在全国也处于第二序列。

（二）湖北省农村饮水安全均等化评估

下面从三个方面分析全省不同数据指标的均等化状况和平原、丘陵、山区等不同类型村庄以及贫困和非贫困村庄的均等化状况。

1. 全省发展与均等化的总体状况分析

"过去十年，湖北省共投资 200 亿元，解决了 3150 万农村居民和 368

万农村师生饮水安全问题，超额完成国家任务，位列全国第三。"[1]

2006 年全国第二次农业普查数据显示：全省获取饮用水困难住户的比例为 18.5%，高于全国 10.3% 的均值，在全国排名 19 位；使用入户管道水的住户比例为 28.6%，低于全国均值 20 个百分点；全国使用净化处理水住户的比例为 23.1%，湖北省为 14.13%，以上指标湖北处于全国较落后的第三序列。

2011 年 3 月，湖北省"万名干部进万村入万户"活动调查显示：全省有 29.98% 的受访农民反映用水困难，其中恩施自治州、神农架林区和十堰市分别有 49.6%、44.3%、37.7% 的受访者反映用水困难。湖北省 7 个脱贫奔小康试点县市反映农村生活用水困难的占 37.52%，比湖北全省平均水平高 9.54 个百分点。扶贫重点县家庭用上自来水和井水的占 85.1%（自来水 36.18%、井水 48.92%），低于全省平均水平。

2008 年水利部调查数据表明：湖北农村集中供水受益人口比例在 40% 以下，低于当年全国平均值 51%，在全国处于最落后的第四序列。

根据 2013 年《中国水利统计年鉴》的数据，湖北 2012 年农村饮水安全受益人口的比例超过 1，不足 1.2，低于全国平均水平。

2. 全省各地农村饮水设施均等化的历史状况

下面根据湖北第二次农业普查数据，分析全省 17 个地市、州、林区及直管市农村饮水设施的均等化情况。

（1）恩施、十堰获取饮用水困难的住户较多

全省 2006 年获取饮用水困难住户的比重为 18.54%。第一，武汉市农村无饮用水困难住户统计数据，仙桃、潜江、天门、荆门、孝感、随州、荆州等辖区农村只有不到 10% 的住户存在获取饮用水困难；第二，襄阳市农村约 13.2% 的住户、黄石市农村约 17.5% 的住户存在获取饮用

---

[1] 2016 年 3 月 29 日，湖北省政协月度协商会透露《湖北省农村饮水安全巩固提升工程"十三五"规划》重点解决精准扶贫建档立卡人口、37 个贫困县、贫困村贫困户周边区域等 953 万人的饮水安全。湖北水资源总量 1027.8 亿立方米，仅占全国的 3.5%，人均水资源量 1732 立方米，居全国第 17 位，低于全国平均值。

水困难；第三，宜昌、鄂州、咸宁等辖区农村有22%左右的住户存在获取饮用水困难，神农架林区农村有34.1%的住户存在获取饮用水困难；第四，十堰市农村有42.5%的住户存在获取饮用水困难，恩施州农村有超过一半（即53.6%）的住户存在获取饮用水困难。见表3—1。

表3—1 全省获取饮用水困难住户比例的四分序列

序列	获取饮用水困难户的比例	地区（个数）
1	不足10%	武汉、仙桃、潜江、天门、荆门、孝感、随州、荆州（8）
2	10%—18%	襄阳、黄石（2）
3	20%—35%	宜昌、鄂州、咸宁、神农架（4）
4	40%以上	十堰、恩施（2）

（2）黄石、随州、天门等地用管道水的住户较少

全省农村使用管道水住户的比重为28.64%。第一，神农架林区有约65.5%的农村住户使用管道水，宜昌、潜江、武汉、仙桃等辖区有约43%的农村住户使用管道水；第二，恩施、十堰市有约38%的农村住户使用管道水，鄂州、荆州约31%的农村住户使用管道水；第三，襄阳、咸宁、荆门有23%左右的农村住户使用管道水，黄冈、孝感有约18%的农村住户使用管道水；第四，黄石有15%、随州有13%、天门有10%的农村住户使用管道水。见表3—2。

表3—2 全省使用管道水的住户比例的四分序列

序列	使用管道水住户的比例	地区（个数）
1	43%以上	神农架、宜昌、潜江、武汉、仙桃（5）
2	30%—40%	恩施、十堰、鄂州、荆州（4）
3	18%—30%	襄阳、咸宁、荆门、黄冈、孝感（5）
4	15%以下	黄石、随州、天门（3）

（3）全省使用净化处理水的农户不足15%

全省使用净化处理水的农村住户比重为 14.13％。第一，仙桃、武汉、潜江三地农村使用净化处理水的住户超过 35％；第二，鄂州农村使用净化处理水的住户达到 29.3％；第三，荆州有 19％、宜昌 15％、咸宁 13.9％、荆门 12.3％、襄阳 11.4％的农村住户使用净化处理水；第四，黄石、十堰、孝感、黄冈、随州、恩施、天门、神农架林区均不足 10％ 的农村住户使用净化处理水。见表 3—3，图 3—4。

表 3—3　全省使用净化处理水的住户比例的四分序列

序列	使用净化处理水的住户的比例	地区（个数）
1	35％以上	仙桃、武汉、潜江（3）
2	29.3％	鄂州（1）
3	10％—19％	荆州、宜昌、咸宁、荆门、襄阳（5）
4	10％以下	黄石、十堰、孝感、黄冈、随州、恩施、天门、神农架（8）

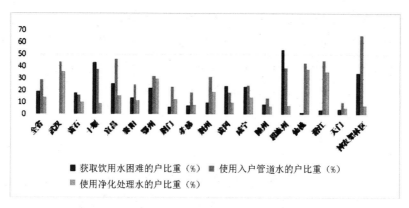

资料来源：《湖北省第二次农业普查资料汇编（农民卷）下册》，2010 年 5 月出版。

图 3—4　湖北省各地农村饮水服务非均等化情况

3. 全省各类农村饮水设施均等化的历史状况

下面主要根据湖北第二次农业普查数据分析平原、丘陵、山区等不同类型村庄以及贫困和非贫困村庄的农村饮水设施情况。

（1）少数民族聚居村和山区村住户获取饮用水困难

第一，获取饮用水困难住户比例从高到低排序依次是山区村44.4%、丘陵村10.69%、平原村5.36%，山区村是最大"短板"，获取饮用水困难的农村住户的比例最高；第二，如果将各地农村按贫困村、扶贫重点县农村和少数民族聚居村等类进行比较，获取饮用水困难住户比例从高到低排序依次是少数民族聚居村50.7%、扶贫重点县农村40.78%、贫困村34.92%。

（2）丘陵村和贫困村使用管道水住户较少

第一，使用管道水住户比例从高到低排序依次是平原村33.69%、山区村33.47%、丘陵村20.95%，丘陵村是最大"短板"，使用管道水住户的比例最低；第二，如果将各地农村按贫困村、扶贫重点县农村和少数民族聚居村等类进行比较，使用管道水住户比例从高到低排序依次是少数民族聚居村37.45%、扶贫重点县农村29.6%、贫困村25.51%。

（3）山区村和贫困村使用净化处理水的住户很少

第一，使用净化处理水的住户比例从高到低排序依次是平原村23.45%、丘陵村11.91%、山区村6.37%，山区村是最大"短板"，使用净化处理水的农村住户比例最高；第二，如果将各地农村按贫困村、扶贫重点县农村和少数民族聚居村等类进行比较，使用净化处理水的住户比例从高到低排序依次是少数民族聚居村7%、扶贫重点县农村6.35%、贫困村5.01%。见表3—4，图3—5。

表3—4　湖北省各类农村饮水服务非均等化状况（单位：%）

	全省	平原村	丘陵村	山区村	贫困村	扶贫重点县农村	少数民族聚居村
获取饮用水困难住户的比重	18.54	5.36	10.69	44.4	34.92	40.78	50.17
使用管道水住户的比重	28.64	33.69	20.95	33.47	25.51	29.6	37.45
使用净化处理水住户的比重	14.13	23.45	11.91	6.37	5.01	6.35	7

资料来源：《湖北省第二次农业普查资料汇编（农民卷）下册》，2010年5月出版。

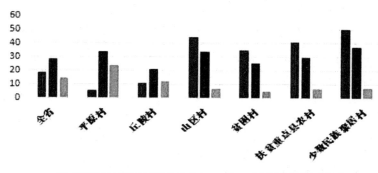

■ 获取饮用水困难住户的比重（%）   ■ 使用管道水住户的比重（%）
■ 使用净化处理水的户比重（%）

资料来源：《湖北省第二次农业普查资料汇编（农民卷）下册》，2010 年 5 月
出版。

图 3—5　湖北省各类农村饮水服务非均等化状况

（三）村庄水利灌溉设施均等化评估

下面从三个方面分析全省不同数据指标的均等化状况和平原、丘陵、山区等不同类村庄以及贫困和非贫困村庄的均等化状况。

1. 全省发展与均等化的总体状况分析

根据 2006—2012 年不同来源数据指标分析全省均等化的总体情况。

（1）农田灌溉有保障，节水灌溉很差

全国第二次农业普查的数据显示：灌溉无水源的村占 7.8%，低于全国 11% 的均值；无水利、无资金投入村占 62.43%，低于全国 70.42% 的水平；在正常年景下用水有保障的村占 80.47%，略高于全国 79.48%；61.79% 的村有能够使用的灌溉用水塘和水库，远高于全国当年 36.31% 的平均水平；39.98% 的村庄有排灌站，高于 18.02% 的全国均值；11.21% 的村有机电井，低于 37.37% 的全国均值。

2013 年《中国水利统计年鉴》的数据显示：湖北乡村人均耕地灌溉面积达到 1.61 亩，高于全国 1.46 亩的均值；耕地灌溉面积占耕地面积的比值为 0.54，高于全国均值 0.46；机电灌溉面积占耕地灌溉面积的比值为 0.48，低于全国均值 0.68；节水灌溉面积占灌溉面积的比值为 0.11，远低于全国均值 0.46。

（2）全省农田水利设施总体改善不明显

2011 年 3 月，湖北省"万名干部进万村入万户"活动完成的 50 万份调查问卷显示，全省仅有 15.6％的农民认为水利基础设施好，有 54.9％的农民认为一般，而有 29.5％的农民认为差；仅 14.5％的农民认为所在地农田水利设施 2005 年以来的 5 年间有明显改善，44.9％的农民认为有所改善，而有 31.5％的农民认为无任何改善，有 9.1％的农民认为比以前还差。见表 3—5，表 3—6。

表 3—5　农田水利设施的实际情况（单位：％）

调查选项	好	一般	差
农田水利设施实际情况	15.6	54.9	29.5

表 3—6　农田水利设施的发展情况（单位：％）

调查选项	明显改善	有所改善	无任何改善	比以前差
农田水利设施的发展情况	14.5	44.9	31.5	9.1

（3）脱贫奔小康试点县农田水利明显改善

2011 年 3 月，湖北省"万名干部进万村入万户"活动完成的 50 万份调查问卷显示，湖北省 7 个脱贫奔小康试点县市调查对象认为 5 年间农田水利设施明显改善的有 55.22％，比 29 个扶贫重点县平均水平高 2.56 个百分点，反映农田水利基础设施建设比较差的占 30.9％。调查对象中要求对基础设施建设给予重点资金扶持的占 60.04％，重点县占 71.67％，脱贫奔小康试点县市占 54.40％。

但是，脱贫奔小康试点县市内部之间差异很大，以 7 个脱贫奔小康试点县之一的鹤峰县为例，农民对居住地农田水利基础设施条件的评价：好的占 13.0％，一般的占 57.3％，差的占 29.7％；对 2005 年以来的变化的评价情况：有明显改善的占 12.2％，有所改善的占 46.0％，和以前一样的占 38.7％，比以前差的占 3.1％。见表 3－7。

表3－7　扶贫重点县和脱贫奔小康试点县农田水利发展情况（单位:％）

调查选项	全省	扶贫重点县	脱贫奔小康试点县
农田水利设施明显改善	14.5	52.6	55.22
期盼基础设施建设资金扶持	60.04	71.67	57.40

（4）为每个村民小组整治一口当家塘

2011 年底至 2012 年 4 月，湖北省开展"万名干部进万村挖万塘"活动，以"挖万塘、强基础、惠民生"为主要任务，调用 47.2 万台大型挖掘机，组织 540 万人次的"三万"工作队奔赴各地农村，历时三个多月筹资 81.75 亿元，修建塘堰、小型泵站、小水池（小水窖）、沟渠等小型水利设施 30.4 万余处，其中整治塘堰 21.07 万口，为全省每个行政村的每个村民小组整治一口当家塘。

2. 全省各类村庄水利灌溉设施均等化的历史状况

下面主要根据湖北第二次农业普查数据分析平原、丘陵、山区等不同类型村庄以及贫困和非贫困村庄的水利灌溉设施情况。见表 3－8，表 3－9，表 3－10。

（1）山区有将近 1/5 的村灌溉无水源

湖北全省调查村庄 26752 个，灌溉无水源的村 2090 个，占 7.81％。第一，全省共有平原村 8123 个，灌溉无水源的村 133 个，占 1.64％；第二，全省共有丘陵村 10437 个，灌溉无水源的村 340 个，占 3.26％；第三，全省共有山区村 8192 个，灌溉无水源的村 1617 个，占 19.74％；第四，全省共有贫困村 6175 个，灌溉无水源的村 880 个，占 14.25％；第五，全省非贫困村 20577 个，灌溉无水源的村 1210 个，占 5.88％。

表 3-8　各类村庄水源情况比较（湖北省第二次农业普查数据）

地区类型	合计（个）	灌溉无水源的村（个）	灌溉无水源的村（%）	地区类型	灌溉无水源的村（%）
湖北省	26752	2090	7.81	全国	11.0
平原村	8123	133	1.64		2.5
丘陵村	10437	340	3.26		8.7
山区村	8192	1617	19.74		23.7
贫困村	6175	880	14.25		21.6
非贫困村	20577	1210	5.88		8.4

（2）94%以上的平原村正常年景下用水有保证

全省在正常年景下用水有保障的村共占 80.47%。第一，在正常年景下用水有保障村的比例从高到低排序依次是平原村占 94.30%，丘陵村占 85.36%，山区村占 60.53%，平原村显著高于全省平均水平；第二，全省贫困村在正常年景下用水有保障的村占 67.63%，这一比例比山区村高 7 个百分点；第三，贫困村与非贫困村差距明显。

（3）87%以上的丘陵村有能够使用的灌溉用水塘和水库

全省有能够使用的灌溉用水塘和水库的村占 61.79%。第一，有能够使用的灌溉用水塘和水库的比例从高到低排序依次是丘陵村占 87.98%，山区村占 46.11%，平原村占 43.97%，丘陵村具有显著优势；第二，全省贫困村有能够使用的灌溉用水塘和水库的村占 58.17%，这一比例比山区村高 10 多个百分点，比平原村高近 15 个百分点；第三，贫困村与非贫困村差距明显。

（4）全省只有约 1/10 的村有机电井

全省有机电井的村占 11.21%。第一，有机电井的村的比例从高到低排序依次是平原村占 19.97%，丘陵村占 10.78%，山区村占 3.09%，平原村有近 1/5 的村有机电井；第二，全省贫困村有机电井村的比例为 6%，这一比例高于山区村 3 个百分点；第三，贫困村与非贫困村差距明显。

（5）全省超过一半的平原村有排灌站

全省有排灌站的村占 38.98％。第一，有排灌站的村的比例从高到低排序依次是丘陵村占 53.71％，平原村占 50.70％，山区村占 8.59％；第二，贫困村有排灌站的村占 24.03％，这一比例远高于山区村；第三，贫困村与非贫困村差距明显。

表 3－9　湖北省各类村庄用水保障情况（湖北省第二次农业普查数据，单位:％）

地区	在正常年景下用水有保障的村	有机电井的村	有能够使用的灌溉用水塘和水库的村	有排灌站的村
全省	80.47	11.21	61.79	38.98
平原村	94.30	19.97	43.97	50.70
丘陵村	85.36	10.78	87.98	53.71
山区村	60.53	3.09	46.11	8.59
贫困村	67.63	6.01	58.17	24.03
非贫困村	84.33	12.78	62.88	43.47

表 3－10　全国各类村庄用水保障情况（全国第二次农业普查数据，单位:％）

地区	在正常年景下用水有保障的村	有机电井的村	有能够使用的灌溉用水塘和水库的村	有排灌站的村
全国	79.5	37.7	36.3	18.0
平原村	93.1	63.9	19.8	19.9
丘陵村	80.7	29.2	63.7	26.4
山区村	61.5	12.9	29.2	7.3
贫困村	63.7	23.8	29.3	11.0
非贫困村	83.4	40.7	38.0	19.7

3. 全省各类村庄水利资金投入均等化历史状况

下面主要根据湖北第二次农业普查数据分析平原、丘陵、山区等不同类型村庄以及贫困和非贫困村庄水利资金投入情况。见表 3－11，表 3－12。

（1）全省 60％以上的村无水利资金来源

全省无水利资金的村占 62.43％。第一，无水利资金来源的村的比例从高到低排序依次是山区村 72.85%、平原村 58.17%、丘陵村 57.57%；第二，全省贫困村无资金来源的村 66.25%，这一比例低于山区村；第三，全省贫困村中无水利资金的村的比例高于非贫困村。

（2）贫困村水利资金来源于国家的村比例较高

全省水利资金来源于国家的村占 9.36%。第一，水利资金来源于国家的村的比例从高到低排序依次是丘陵村 10.87%、山区村 10.66%、平原村 6.12%；第二，全省贫困村水利资金来源于国家的村占 12.79%，这一比例高于山区村；第三，贫困村水利资金来源于国家的比例远高于非贫困村。

（3）平原村水利资金来源于集体的村比例较高

全省水利资金来源于集体的村占 17.58%。第一，水利资金来源于集体的村的比例从高到低排序依次是平原村 24.63%、丘陵村 18.66%、山区村 9.20%；第二，贫困村水利资金来源于集体的村的比例高于山区村；第三，贫困村水利资金来源于集体的比例低于非贫困村。

（4）丘陵村水利资金来源于其他的村比例较高

全省水利资金来源于其他的村占 10.63%。第一，水利资金来源于其他的村的比例从高到低排序依次是丘陵村 12.90%、平原村 11.08%、山区村 7.29%；第二，贫困村水利资金来源于其他的村比例高于山区村；第三，贫困村水利资金来源于其他的村的比例低于非贫困村。

表 3-11　湖北省各类村庄水利投资情况（湖北省第二次农业普查数据，单位：%）

地区	来源于国家的村	来源于集体的村	来源于其他的村	无资金的村
全省	9.36	17.58	10.63	62.43
平原村	6.12	24.63	11.08	58.17
丘陵村	10.87	18.66	12.90	57.57
山区村	10.66	9.20	7.29	72.85
贫困村	12.79	11.06	9.89	66.25
非贫困村	8.33	19.54	10.85	61.29

表3—12 全国各类村庄水利投资情况（全国第二次农业普查数据，单位:%）

地区	来源于国家的村	来源于集体的村	来源于其他的村	无资金的村
全国	9.6	13.4	6.6	70.4
平原村	6.5	18.4	6.6	68.5
丘陵村	10.7	13.7	7.8	67.9
山区村	12.1	7.0	5.6	75.3
贫困村	12.4	7.0	6.0	74.6
非贫困村	8.9	15.0	6.8	69.4

二、湖北省饮水安全"村村通"工程执行评估

本部分主要分析湖北省饮水安全"村村通"工程的执行结果与机制过程。[①]

（一）执行结果

过去十年，湖北省共投资 200 亿元，解决了 3150 万农村居民和 368 万农村师生饮水安全问题，超额完成国家任务，位列全国第三。[②]

湖北省"村村通"工程也发挥了良好的社会经济效益，改善了当地村民群众的生活条件，提高了环境卫生质量，减少了介水性疾病的传播，节省了农民的医疗费用，提高了农民的健康水平。据测算，项目区户均年节省医药费支出 200 元左右。[③]"农村饮水安全工程使部分劳动力从以前找水、拉水、背水中解放出来，能够外出打工或发展庭院经济，增加了农民

---

① 国家先后制定并实施了《全国农村饮水安全工程"十一五"规划》《全国农村饮水安全工程"十二五"规划》，并要求和承诺"十二五"期间，我国全面完成农村饮水安全建设任务，2.98 亿农村居民和 4150 万农村学校师生喝上安全水。血吸虫疫区、砷病区、涉水重病区以及长期饮用苦咸水等饮水安全问题得到解决，中、重度氟病区的饮水安全问题基本解决。

② 2016 年 3 月 29 日湖北省政协首次月度协商会透露《湖北省农村饮水安全巩固提升工程"十三五"规划》重点解决精准扶贫建档立卡人口、37 个贫困县、贫困村贫困户周边区域等 953 万人饮水安全。

③ 《湖北农村饮水安全的实践与思考》，2014 年 10 月 2 日，见 http://wenku.baidu.c。

的收入。据测算，通过实施饮水安全工程，全国户均年节省53个挑水工日。"① "农村饮水安全工程使广大农民群众实实在在分享到改革开放的成果，进一步提高了党和政府的凝聚力和号召力。农村饮水安全工程建设需要相应的建设材料和设备，工程建成后农村将会增加与自来水相关的洗衣机、热水器等设备的购买量，预计拉动内需的作用是1比10。"②

（二）执行机制

"十二五"时期，在贯彻中央饮水安全工程规划过程中，湖北省围绕"建得成、管得好、用得起、长受益"的目标③实施农村饮水安全"村村通"工程，从组织与责任机制、规划与建设机制、资金保障机制、工程质量保障机制和长效运行机制等方面进行了有效探索，形成湖北特色的执行机制模式及特征。

1. 组织与责任机制

湖北省委、省政府成立了湖北省农村饮水安全建设管理办公室（副厅级），"坚持把解决农村饮水安全问题作为一项民生工程来抓，连续十年将农村饮水安全工程建设纳入'十件实事'，同时又将农村饮水安全普及率纳入省管领导班子和省管干部的目标考核指标体系、'三农'发展综合考评体系，与市州政府签订《农村饮水安全工程建设管理责任书》，落实负责人，形成一级抓一级，层层抓落实的良好局面"④。

2. "村村通"规划与建设机制

为彻底扭转小型工程各自为战的局面，湖北省从县级规划入手，围绕"村村通"目标，在"广泛开展调查研究、认真汲取以往教训的基础上，创新建设发展思路，进行统筹规划，科学设计。一是选准工程建设模式。首选城市水厂进行管网延伸或乡镇水厂进行改扩建，再考虑新建水厂，努

---

① 审计署：《103个县农村饮水安全工作审计调查结果》，2013年3月30日，见 http：//politics. peop。

② 审计署：《103个县农村饮水安全工作审计调查结果》，2013年3月30日，见 http：//politics. peop。

③ 《绘就美丽乡村的幸福画卷》，《湖北日报》2015年12月28日。

④ 《绘就美丽乡村的幸福画卷》，《湖北日报》2015年12月28日。

力向城乡供水一体化、农村供水城市化方向发展。二是尽可能地选择好水源。山区首选水质优良的山泉水和水库水，丘陵地区首选水库水。对于平原地区，靠近大江大河的，首选江河水；靠近丘陵的，首选位于丘陵的水库水，修建自压式大水厂，一解决一大片；远离大江大河和水库的，取用深层地下水。三是发展较大规模的集中供水工程，通过广泛调查、严格论证，在充分征求意见后优化设计，发展规模化供水工程，推进城乡供水一体化，实现城乡饮水同网同质。四是因地制宜地选择适宜的净化技术，进行水质处理，确保水质达标"①。

3. 资金保障机制

"一是坚持政府主导。农村饮水安全建设，中央补助标准为中部地区每人300元，西部和参照西部地区每人400元，省级配套100元，加大了投资力度。二是引导群众自愿出资。因财政资金有限，投资不能完全满足工程建设需要，所以由农户自愿出资，安装入户管网，弥补资金缺口。三是合理利用社会资金。通过募捐、转让经营权、合资入股、整合其他资金等方式解决资金短缺问题，减轻农户出资压力。"② 例如，浠水县通过招商引资1.6亿元建设白莲河水厂，武汉市黄陂区通过BOT模式引资0.7亿元建设前川水厂和城乡供水管网。③

4. 工程质量保障机制

一是健全制度，并严格执行。湖北省相继出台了工程招标、开工、"四制"管理、安全管理、竣工验收等一系列建管制度，并严格执行。二是加强检查督办。派出工作组深入工程现场，检查工程建设进度、质量以及资金到位情况，确保工程建一处，成一处，受益一处，确保当年任务当年完成，当年投资当年受益。三是实行公示制度。按照分级负责的原则，省、市、县分别在媒体上公示当年农村饮水安全项目的详细情况，接受社

① 《湖北农村饮水安全的实践与思考》，2014年10月2日，见http：//wenku. baidu. c。
② 陈楚珍：《探索新机制　确立新目标　早日让湖北人民能喝上安全水》，载《"发展民生水利　保障饮水安全"论文集》，2009年版。
③ 《湖北农村饮水安全的实践与思考》，2014年10月2日，见http：//wenku. baidu. c。

会各界监督。[①]

5. 长效运行机制

一是为保证建成的水厂长期受益，通过多年的实践，湖北省率先提出了"千吨万人"规模化农村饮水安全工程[②]这个概念，是全国农村饮水安全工程建设中的主要特色经验，并升华为国家相关政策性文件的一个规范术语。实践证明，水厂供水规模"千吨万人"，是一个盈亏平衡点，低于这个就难以良性运行。湖北原来建的一些小型水厂，90％以上不能保证长效运行。湖北省"千吨万人"以上的水厂占全省整个农村饮水人口的60％以上，也就是说湖北省解决的 3000 万农村饮水安全问题人口中，有将近 2000 万人是通过建"千吨万人"以上规模水厂解决的。[③]"二是在明晰产权的基础上，放活经营权，因地制宜确定经营方式，如依托水库水源建设的水厂，由水库管理单位管理经营；民营资本参与建设的水厂，由民营老板负责经营；城市管网延伸工程尽量移交给水厂经营者统一管理等。三是依规定价，合理收费。根据'补偿成本、合理收益'的原则，兼顾用水户的承受能力合理核定水价。针对目前农村居民用水量过少的问题，推

---

① 在《湖北省人民政府关于加强农村饮水安全工程建设和管理的意见》（鄂政发［2007］14 号）的基础上，湖北省水利厅制定了法人组建、招投标、质量监督和项目验收等十多个规范性文件。

② 按农村饮水安全标准，设计建设日供水 1 千吨、大约可解决 1 万农村人口安全饮水的水厂。

③ 农村供水工程普查表明：中国集中式供水工程数量仅占全国农村供水工程总数的 1.6％，但其受益人口却占全国农村供水工程总受益人口的 2/3。而分散式供水工程数量占全国农村供水工程总数的 98.4％，但其受益人口仅为总受益人口的 1/3。从受益人口角度评价，集中式供水工程受益人口多，是当前我国农村供水工程的主要形式。截至 2011 年年底，城镇管网延伸工程受益人口占全国集中式供水工程受益人口的 20.5％，联村工程受益人口占 29.5％，单村工程受益人口占 50％。在农村集中式供水工程中，对于离城镇较近地区的工程，主要采用管网延伸方式，这部分群众饮水实现和城镇居民同源、同网、同质；对于不能采取管网延伸、人口居住较集中的地区，主要采用规模较大的联村供水方式；对于村与村之间相对距离较远，难以兴建规模化集中供水的地区，主要采用单村供水的方式，这部分人口大多采用地下水、山泉水。根据普查分析，单村供水工程受益人口占我国农村集中式供水工程总受益人口的一半，是目前农村集中式供水工程的主要类型。全国农村集中式供水工程管网大部分实现入户农村集中式供水工程，按供水方式分为供水到户和供水到集中供水点两大类。参见张玉欣等：《我国农村饮水工程现状分析》，《中国水利》2013 年 7 月。

行基本水价和计量水价相结合的两部制水价制度。"[1] 四是山区水源不足，人口分散，一般只适合建设 20—100 吨规模的水厂，在水质净化上采用生物慢滤技术。所谓生物慢滤技术，就是通过建一些过滤池、净化池、池子内面铺设一些砂，池子砂粒表面生成一些生物膜，然后通过把水过滤能够达到净化消毒的效果。"五是加强水质监管。主要是通过卫生部门适时检测水质，同时要求有条件的水厂建立水质化验室，对水质进行自检，并定期报送水质检测报告。对水质不达标的，限期整改，进行处罚。为了让管理上水平，2009 年湖北省在鄂州、潜江开展试点，建设农村水厂供水信息自动测报系统，对水厂的供水水量、水压和水质进行在线监测。2009年以来，湖北省先后有鄂城、潜江、赤壁、黄陂、孝南、云梦、枣阳等20 多个县市区启动了供水信息自动测报系统建设。"[2]

三、国家小农水重点县建设与地方执行案例分析

财政部、水利部决定从 2009 年起，在全国范围内选择一批县市区实行重点扶持政策，通过集中资金投入，全面开展小型农田水利重点县建设（简称"小农水重点县建设"）[3]。

下面结合南漳县小农水重点县建设的案例，分析这一政策项目执行的均等化情况和执行模式。

（一）地方执行与均等化概况

2009—2014 年，财政部和水利部实施中央财政小型农田水利重点县建设共 6 批 2450 个县次，重点县建设期为三年，三年建设效果好，可申报第二批重点县建设，全国 1882 个县获得至少一个批次的小型农田水利

---

[1] 《湖北农村饮水安全的实践与思考》，2014 年 10 月 2 日，见 http：//wenku. baidu. c。
[2] 《湖北农村饮水安全的实践与思考》，2014 年 10 月 2 日，见 http：//wenku. baidu. c。
[3] 2009 年 6 月，财政部、水利部联合制定和发布了《关于实施中央财政小型农田水利重点县建设的意见》，决定从 2009 年起，在全国范围内选择一批县市区，实行重点扶持政策，通过集中资金投入，全面开展小型农田水利重点县建设（简称"小农水重点县建设"）。文件从小农水重点县建设的目的与意义、指导思想与建设原则、主要任务与目标以及要求进行明确阐述。

重点县建设资金的支持。按 2012 年全国 2852 个县级行政区计算，全国小型农田水利重点县建设项目县级覆盖率为 66%。

"该项建设六年来累计安排中央资金 598.47 亿元，引导地方投入近 1000 亿元，新建及维修各类水源工程 62 余万处，新建及维修小型渠道近 57 万千米，新建窖池 24 万余处，新建高效节水灌溉面积达 5500 万亩，新增、恢复灌溉面积 7600 万亩，改善灌溉面积近 1.4 亿万亩，新增粮食生产能力约 460 亿千克。实施重点县建设以来，项目区灌溉水有效利用系数平均提高了 10 多个百分点，尤其是采用高效节水灌溉的农田，灌溉水利用系数和水分生产率较常规灌溉农田有了大幅度提高。项目投入不仅产生了可以预期的直接水利经济效益，而且产生了良好的社会经济效益，促进了村庄经济优化发展和环境改善，激发了村民群众参与村庄建设管理的积极性。"[1]

项目的执行模式：以县级规划为限制性条件；以最大限度发挥项目的整体效益为目标；以优化项目执行和考核机制为动力；坚持先建机制后建

---

[1] 郭宏江：《小农水大成效——小型农田水利重点县建设综述》，载《中国农村水利水电》专辑，2015 年 12 月。

工程；以严格的制度规范项目建设与管理。[①]

（二）湖北省南漳县小农水重点县建设案例分析

南漳县地处湖北西北部山区，汉水南岸，荆山山脉东麓，面积 3859 平方千米，辖 11 个镇（区）、281 个村、1350 个组，总人口 58.65 万，耕地面积 103 万亩，素有"八山半水分半田"之称，是典型的资源性缺水地区。[②] 2009 年以来，南漳县通过竞争立项，实施了第一批和第四批中央财政小农水重点县建设。

[①]　郭宏江：《小农水大成效——小型农田水利重点县建设综述》，见《中国农村水利水电》专辑，2015 年 12 月。以县级规划为限制性条件：强调县域农田水利总体建设规划的科学性和指导性，把《县级农田水利建设规划》作为重点县建设申报的限制性条件，并作为竞争立项、项目建设、国家财政补助资金安排的主要依据，而且必须要将编制好的规划提交县人大或县人民政府批准。以最大限度发挥项目的整体效益为目标：以县为单位整体推进，实现小型农田水利建设由分散投入向集中投入转变、由面上建设向重点建设转变、由单项突破向整体推进转变、由重建轻管向建管并重转变，重点解决影响农业综合生产能力提高的"卡脖子"和"最后一千米"工程，充分发挥了骨干水源工程引水利用到田间的效益。以优化项目执行和考核机制为动力：全国有 31 个省（区、市）成立了由政府分管领导任组长的重点县建设领导小组，各省水利厅、财政厅通过建立重点县工作协商机制，配合密切、分工明确、协调有力。各重点县均成立了党委或政府主要领导任组长的领导小组，将重点县建设纳入政府目标考核，落实"县乡主抓"责任。同时，推行竞争立项，全国已有 29 个省（区、市）实行公开申报、竞争立项机制。部分重点县在对项目村、项目区遴选时，也引入竞争立项机制。水利部、财政部把考核奖惩机制作为加强省级重点县建设管理的重要手段，一年一考核、一年一通报、一年一奖励。有 80% 以上的省（区、市）根据每年省对县绩效考评结果，对排名靠前的县给予奖励性资金安排，对排名靠后的县暂停安排中央或省级重点县资金，由县级自行安排资金完成年度建设任务。坚持先建机制后建工程：重点县项目在启动时就明确提出要"先建机制、后建工程"，将项目建后管护放在突出位置优先考虑。坚持先改后建。在项目实施前，通过"民议民决"，解决好工程"归谁所有，由谁申报，谁来管护"的问题。工程建成后，及时与项目区所在乡镇政府或相关单位办理移交手续，明晰所有权和管理责任。目前，90% 以上的小型农田水利工程都落实了责任主体。同时，通过建立内部水价协商机制，加大财政扶持力度，落实管护经费。以严格的制度规范项目建设与管理：强化制度建设，严格项目变更，完善建管体制，为提高工程建设标准，对规模以上工程，各地严格按照水利工程建设"四制"管理，强化质量管理，加强资金管理，强化监督检查。各级水利、财政部门多次组成联合督导组，对工程质量、施工进度、资金管理等方面进行检查，对工程建设进度慢，存在质量安全隐患的项目和施工单位，及时予以纠正和制止。

[②]　南漳县水利局提供的资料。见易尚红、秦建军：《南漳送来活水灌农田》，《人民长江报》2015 年 6 月 6 日。

1. 执行结果

下面从项目覆盖范围、投入—产出—效益和验收等方面分析执行结果。

(1) 项目覆盖范围

南漳县第一批小农水重点县建设项目覆盖 2 个乡镇 21 个村，受益人口达到 4.6 万人，设计灌溉面积 10.6 万亩；第四批小农水建设情况覆盖 2 个乡镇 11 个村，受益人口达到 4.1 万人，设计灌溉面积 6.5 万亩。两期项目合计乡镇覆盖率为 36.3%，村庄覆盖率为 11%，均等化水平较低。

(2) 项目总投入—产出—效益分析

南漳县第一批小农水重点县建设工程实际完成总投资 5429.37 万元，包括中央投入 2400 万元，省级投入 1400 万元，县财政配套 190 万元，农民投工投劳折资 1439.37 万元。2009—2011 年，南漳县共硬化渠道 439.05 千米，配套渠系建筑物 7809 处，整治堰塘 11 座，新建、改造泵站 3 座。南漳县第四批小农水建设为三个年度（2012—2014 年），总投资 7336.97 万元。自 2009 年实施小农水重点县建设后，至 2013 年底，改善灌溉面积 8.59 万亩，恢复灌溉面积 5.38 万亩，增加节水灌溉面积 5.38 万亩。灌溉水利用系数由 0.45 提高到 0.60，年节约农业灌溉用水 1308 万立方米。每年将新增水稻 135.8 万千克、小麦 112.5 万千克、棉花 13 万千克、油料及其他 71 万千克公斤；项目区农民人平年增加纯收入 100 元；同时，各项目区创造了良好的社会效益，并促进生态环境向更好的方向发展。第四批项目实施后，改善了项目区的农田灌溉条件，改善灌溉面积 1.39 万亩，新增旱涝保收高标准农田 2.08 万亩，年节约农业灌溉用水 978 万立方米。项目区年新增种植业产值 212 万元，农民人平年增加纯收入 87 元。[1]

(3) 项目验收情况

---

[1] 南漳县水利局提供的资料。见易尚红、秦建军：《南漳送来活水灌农田》，《人民长江报》2015 年 6 月 6 日。

省级验收对照小型农田水利重点县建设验收评分表进行了评分，一致认为：三个年度的项目组织机构健全，前期工作准备较好，建设任务全部完成，项目资金使用规范，工程质量较好，效益比较显著。年度项目验收前，由县审计局对该项目进行审计，并出具了审计报告。2011年度，南漳县小农水项目在全省验收中获得了第一名的成绩，被省委省政府评为"全省农田水利建设'大江杯'优胜单位"。2012年，南漳县小农水项目在全省验收中获得了第一名的成绩。

2. 执行模式分析

项目执行体现了以下五个方面的特征模式。

（1）以科学规划与民主决策为前提

根据国家发展改革委、财政部、水利部、农业部、国土资源部办公厅联合下发的《关于印发〈县级农田水利建设规划编制大纲〉进一步规范和完善规划编制工作的通知》精神，2009年南漳县成立了"小型农田水利建设规划编制工作领导小组"，编制完成了《南漳县小型农田水利建设规划（2007—2020年）》。该规划于2009年6月30日通过南漳县人大常委会审查、表决，获得一致通过并形成县人民代表大会常务委员决议公报。在此基础上，按照《中央财政小型农田水利工程建设补助专项资金项目立项指南》和"连片建设、整体推进、加强资金整合"的要求，认真编制了《南漳县小型农田水利重点县三年规划（2009—2011年；2012—2014年）》及分年度小型农田水利重点县实施方案和标准文体。

（2）以最大限度发挥项目的整体效益为目标

坚持"四高"的原则，即规划高起点、建设高标准、管理高水平、效益高产出，全面建设节水灌溉工程，使有限的水资源发挥最大的效益。《南漳县农田水利建设规划（2007—2020年）》规划中、小农水工程总投资为188300万元，三年（2012—2014年）建设完成总投资5615.37万元，占规划任务的2.98％。通过测算，全面完成规划任务还需要投入资金182684.63万元。按照"渠道不乱、用途不变、优势互补、形成合力"的原则，对财政专项支农资金中用于农田水利设施建设的项目和资金进行整合，"通过规划整合、项目整合、资源整合，把分散在水利、农业、林业、扶贫、国土、农业综合开发等部门的项目资金，进行整合统筹安排，发挥资金的集聚放大效应"①，实现各部门资金的打捆使用，实现集中连片，整体推进农田水利建设。同时，采用"一事一议"筹集资金，由村两委班子和农民用水者协会分别召开村民组长和村民户主大会，对项目建设配套资金和劳力分担等问题进行讨论，形成具体方案和决议，并与村民代表签字，最后进行筹资投劳。三年共落实整合资金6823.94万元，圆满完成了建设任务。2012年共落实整合资金4121.8万元，圆满完成了建设方案的年度规划任务。

（3）以优化项目执行机制为动力

第一，成立执行领导机制。南漳县成立了县小型农田水利重点县建设领导小组，领导小组组长为县委副书记、县政府县长，成员由涉及部门的主要负责人担任。领导小组下设办公室，具体负责小型农田水利重点县建设协调工作。项目资金管理单位为县财政局，项目建设单位为县水利局，并委托石门集水库工程管理局进行建设管理。第二，健全工作机制②。第三，构建目标激励机制。第四，构建学习机制③。第五，建立了群众动员机制。

---

① 王世文：《创新投入机制 加快农田水利基本建设步伐》，《水利发展研究》2009年1月10日。

② 领导小组下设工程建设、资金管理、工程协调、宣传档案等四个专班。工程建设专班由县水利局和石门集水库工程管理局组成，主要职责是按照批复的建设方案及水利工程建设管理的要求进行项目建设；资金管理专班由县财政局组成，主要职责是负责执行县级财政报账制和国库集中支付，项目资金直施工单位，管好用好资金，确保项目资金用于工程建设；工程协调专班主要职责是组织落实项目区群众投工投劳（清理植被、砍伐灌木丛、清除树桩、渠道清淤），协调化解工程建设中与项目区群众的各种矛盾；宣传档案专班由水利局办公室和县电视台组成，主要职责是对建设前渠道现状、建设中现场、建成后的成果、各种重要会议及上级领导检查督办制成多媒体，供验收时使用，准备协调会、督办会、验收会的领导讲话材料，负责各种工程资料和文书资料的收集整理归档工作。

③ 南漳水利局组织工程建设专班先后到武汉市蔡甸区、襄阳市老河口市等先进单位考察学习，总结经验，寻找差距，把先进经验结合到南漳实际中，创造性地消化吸收，并广泛征求群众意见建议，组织专家开展技术攻坚，提高了工程建设效果和工程质量。

（4）以严格的制度规范项目建设与管理

一是严格工程建设管理。在工程管理中，坚持公平、公正、公开的原则，严格实行"六制"管理（项目法人负责制、招投标管理制、工程监理制、合同管理制、廉政建设责任制和群众质量监督员制），确保工程建设高质量、高标准、靓形象。按照项目的规模和特点，对骨干、重点工程按照上级部门制定的验收标准，批复的建设内容，整体规划，分片治理、阶段验收，验收不合格工程一律返工。对水利应急工程建设，在项目区突出了以除险保安、配套挖潜、扩堰增容、改善水利死角为重点的小型水利建设。二是严格执行"业主负责、监理控制、政府监督、企业保证"的质量管理体系；严把工程设备"质量关"、建筑材料"检测关"、建设队伍"审核关"；在设计和制造工艺上，开拓创新，精益求精；制定详细的工程质量控制方案；在财政和水利部门的监督下，从生产源头控制，坚决杜绝"三无"产品和不符合工程要求的材料设备进入施工工地。三是严格资金使用管理。①

（5）加强工程建后管护

"工程完工后，泵站和堰塘产权归集体所有，由承包人负责管理和维护；末级渠道产权移交给农民用水者协会。协会有固定的办公场所，配套了办公设施，完善了协会章程，制订了工程和财务管理制度等，负责末级渠系的管理和水费征收。每个村设一名用水总调度员，每一个生产小组配一名协管员，协管员负责其用水小组的末级渠道的养护和维修。协会每年从缴纳水费中，提取15％的资金用于工程的维护管理。"②

四、湖北省农村小型水利改革与均等化评估

改革开放以来，湖北省小型水利改革大体经历了启始阶段、探索阶段和加速发展阶段，对改革流程和改革的组织领导制度、动员机制、投入保

①　刘臣祥、李东升：《整合小农水资金　提高支农效益》，《农村财政与财务》2013年4月。
②　刘臣祥、李东升：《整合小农水资金　提高支农效益》，《农村财政与财务》2013年4月。

障制度、试点示范制度、管理方案与方法、审批权限等方面进行了有效探索；同时，县级改革与均等化成效明显，宜都市全面深化改革的执行模式、夷陵区普惠化改革的执行模式及特征成为县级改革典型，形成了湖北的经验特色。但是，由于受到各地社会经济发展总体水平制约，这些典型县市的试点经验和示范推广难度较大，改革仍然存在不少困难和问题，均等化水平有待提高。

（一）湖北改革的进展、流程与制度保障

1. 改革进展

改革开放以来，湖北省小型水利改革经历了起始阶段、探索阶段和加速发展阶段。[①]

根据湖北省水利厅 2015 年 6 月之前的数据，湖北省目前已明晰工程产权的小型农田水利工程有 113 余万处，其中颁发产权证书的近 70 万个。十二五期间，湖北农村饮水安全"村村通"取得明显进展，民生水利发展使人民群众有了更多获得感。2011 年度开展的"万名干部进万村挖万塘"活动共整治塘堰 21 万口、兴建整修小泵站 8400 座、小水池（窖）2.6 万

---

① 起始阶段。从 1990 年开始，湖北省重点是对具有一定经营效益的工程进行改革，这一时期的改革探索以鄂北岗地为主，主要对塘堰、机电井等采取了承包、租赁等改革方式。由于政策指导性不强，改革对象单一，改革的适用范围窄，改革可持续性不强，改革成果非常有限。探索阶段。2000 年以来，湖北借鉴国内外成功经验，推动了小型水利工程管理体制改革的进程。这一时期改革的特点是赋权于民，让农民参与改革。灌区农民用水者协会正是在这个时期兴起的，平原地区广泛推广了以鱼养堰、以林养渠等经营改革方式，山丘区工程产权受益户共有制改革取得进展。但是，当时由于财力投入不足，村民自治组织能力不强等原因，制约了改革的进程。加速发展阶段。近年来，中央加强了农村小型水利改革发展顶层政策的制定，湖北省通过总结"三万"活动成功经验，形成了一系列小型水利工程改革的实施方案和细则，小型水利工程进入加大投入、加快建设发展和全面深化改革的新时期，改革逐步向明晰权属、理顺体制、建立长效运行机制转变。受益户共管、自建自管、参与式管护、市场化管护、专业化管护等各种改革模式在各地开花结果，宜昌市普遍推行的"先建机制、后建工程"的模式，其中宜都市探索形成的工程产权"受益户共有制"、夷陵区广泛开展的水利工程"确权承包到户"改革模式，不仅使 90% 以上的农村小型水利工程找到了"管家""护工"和"业主"，而且极大地调动了社会各界和广大农民群众参与水利工程建设管理的积极性和主动性。这段时期总体来说改革方向正确，改革措施到位，小型水利工程产权归属不明、管护体制不顺、建管用脱节和责权利分离等问题得到较大程度缓解。程国银等：《小型农田水利工程管护机制改革如何推进》，《中国水利报》2014 年 1 月 1 日。

个、沟渠 6 万余处，显著改善了农村水利基础设施条件，受到社会普遍赞誉。294 个小型农田水利重点县项目建设相继见效。

根据 2011 年度湖北省"三万"活动期间农村塘堰整治管理信息系统的统计数据，全省纳入该管理系统登记的 200880 口塘堰，有 48515 口塘堰采取了农户用水协会的方式进行管理，约占总数的 24％；有 134877 口塘堰一直沿用传统的村组集体管理的方式，约占总数的 68％；有 3848 口塘堰采取了联户管理的方式，约占总数的 2％；有 8676 口塘堰采取了承包经营管理的方式，约占总数的 4％；采取租赁、拍卖及其他方式进行管理的塘堰有 4886 口，约占总数 2％。可见，湖北省塘堰管护方式及其产权属性绝大部分仍属于传统的村组集体所有制，实施了产权制度改革的还只是少数，在全省范围推进塘堰等小型水利设施产权制度改革任重而道远。见图 3－6，图 3－7。

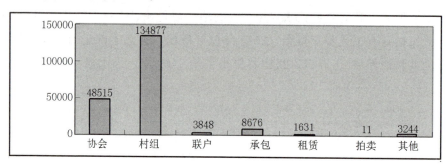

图 3－6　湖北省塘堰管护方式及产权属性数据

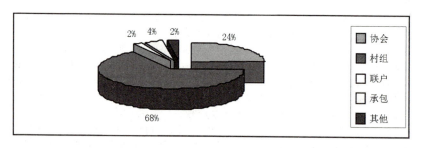

图 3－7　湖北省塘堰管护方式及产权属性百分比

2. 改革流程

湖北省小型水利改革一般按照"登记造册、分类定性、明确权属、核发证书、整理归档、建立机制"的改革流程推进①。

---

① 程国银等:《小型农田水利工程管护机制改革如何推进》,《中国水利报》2014年1月1日。第一,登记造册。发挥村组、乡镇和县(市、区)等基层治理单元和治理主体的积极性,全面调查摸底,按照工程类型,登记造册,建立台账。先由乡(镇)水利站组织对辖区内各村组的小农水工程进行实地踏勘、调查摸底,对工程位置、四周边界、具体特征、受益户、受益田块及面积,逐一登记造册,做到乡镇有工程档案,县(市、区)有工程图册,省市能实时查询。跨行政区划的工程根据权属人要求和相关行政区划单位协商意见,按照便于管理的原则进行登记。在登记造册中,重点把握了工程资产评估和产权(所有权)界定两个环节。资产评估由县(市、区)改革办组织水利、财政等部门和相关中介机构成立专门机构,会同工程所在行政区划单位,对工程的资产构成进行详细了解,结合现行物价等因素,做出公平、合理的评估,确定工程的资产额度和投资构成。对在运行过程中维修、改造等新产生的投入,及时计入工程资产;权属发生变化时,在变更之前也重新进行资产评估。资产评估完成后,本着尊重历史,坚持有利于工程管理和效益发挥,按照"谁投资、谁受益、谁所有"的原则,依法确定小农水工程的产权人或产权托管人,并在一定范围内进行公示。确定产权人或产权委托人的一般原则是个人投资修建的小农水工程,其产权归个人所有,出资人即为产权人;受益户共同出资兴建的小农水工程,其产权归受益户共同所有,由受益户协商推选产权人代表;以国家投资为主、受益户参与兴建的不跨村组的小农水工程,其产权归村组集体所有;以国家投资为主、跨行政区划或流域的小农水工程,其产权归国家或集体所有,产权人由跨界的共同上一级人民政府确定。第二,分类定性。湖北省参照大中型水利工程定性分类办法,将其分为纯公益性、准公益性和经营性三大类。一般完全属于农业生产生活等公益性用途、没有明显经营效益、也未参与经营的,定性为纯公益型;主要属于农业生产生活等公益性用途,但又兼顾养殖、发电等经营作用的定性为准公益型;通过租赁、拍卖、流转等市场方式,完全归属私人业主经营的,定性为经营型。第三,明确权属。对纯公益性工程,把安全责任放在首要位置,明确其管理权。对准公益性工程,把管理责任放在首要位置,明确其使用权。对经营性工程,则可以在确保其公益性的用途和服务范围不变的前提下,依法自行确定经营管护方式。确定经营管护方式时必须依法保障产权人、经营权人的合法权益,任何组织或个人不得随意侵害。因国家和地方公共建设确需占用的,应严格按照《占用农业灌溉水源、灌排工程设施补偿办法》进行补偿。因公共利益需要而造成损失的,依照有关规定予以补偿。因不可抗力因素造成毁损的,可由财政给予适当补偿。产权(所有权)人在流转经营使用权时,必须依法与经营者签订书面协议,协议应明确相应的管护、安全等责任。承包经营行为必须符合法律法规和政策规定,违反法律、法规、政策的,除依法追究相应责任外,其承包经营权要予以收回,由产权人自行经营或再依法流转。第四,核发证书。各种权属确定完毕完成后,要及时登记发放小农水工程经营管理许可证等相关证照。权属证书由县级人民政府统一监制,县级水行政主管部门统一核发,权属证书的内容主要包括权属证书类别(所有权证、使用权证、管理权证、经营权证)、产权人、水利设施的名称、地点、主要参数、受益范围和产权人的权利、义务、管护责任以及其他相关事宜。第五,整理归档。上述工作完成后,由县级水行政主管部门对各乡镇改革工作进行检查,确定相关工作符合要求后,督促各乡镇对改革所有资料按统一要求进行整理归档。第六,建立机制。建立相关机制保障改革的顺利进行和小农水发展与管护的可持续性。

3. 改革的组织与制度保障①

（1）组织领导制度

小型水利工程管理体制改革是一项政策性强、涉及面广、战线较长的系统工程。强有力的组织领导，是改革成功的重要保障。2013 年 7 月，湖北省水利厅成立了以王忠法厅长为组长的深化小型水利工程管理体制改革领导小组，领导小组办公室设在厅财务处，并落实了工作人员，明确了工作责任。多数市、州、县也相继成立了由政府主要领导为组长，发改、财政、国土、水利等部门相关负责人为成员的领导小组。各级领导小组成员既能当指挥员又能当战斗员，积极开展调研和摸底，结合实际制定切实可行、针对性强、可操作的改革实施方案和试点工作路线图，严格按照时间节点向前推进，并坚持一个阶段一个重点，一个工作一个专班的工作机制。同时，还确定了工作联系人，信息报送工作逐步走上正轨。

（2）动员机制

工程管理体制改革情况复杂，任务十分艰巨。宜昌市、襄阳市、咸宁市、荆州市、孝感市等地水利部门及时制定宣传方案，统筹整合宣传力量，深入基层、深入群众，通过召开会议、张贴标语、发放资料以及在电视、报刊、杂志等各类媒体进行广泛宣传等多样化形式，使广大干部群众进一步认识小型水利工程管理体制改革工作的重要意义，有效调动了社会各界参与改革的积极性。蔡甸区、夷陵区、远安县等地对已改革到位的工程及时开展公示，接受社会监督，为改革营造了舆论共同关注、群众共同参与、社会共同监督的良好氛围。省水利厅制定了改革工作信息报送制度，在湖北省水利厅门户网站开设"小型水利工程管理体制改革"专栏，建立 QQ 工作群，利用网络平台进行经验交流和宣传推广。

（3）投入保障制度

为加快推动湖北省小型水利工程管理体制改革，湖北省委在 2012 年

---

① 中共湖北省委党校、湖北省水利厅：《湖北小型水利工程管理体制改革研究》，根据协议未公开论文，2015 年 7 月，选题来自本课题。

鄂发 21 号文件中明确每年筹措 4 亿元用于完善农村小型水利设施管护机制改革。湖北省水利厅和财政厅筹集 3.5 亿元用于各地农村小型水利设施维修养护、项目建设补助和开展改革试点工作，较好地弥补了各地财政投入不足的问题。武汉、襄阳、宜昌、孝感、荆州、黄冈、天门等地也出台相应的政策，安排财政专项资金，对小型水利工程建设管护好的地方实行"以奖代补"，荆门市还安排财政资金 110 万元用于改革工作经费。这些措施确保了各项改革工作强力推进。

（4）试点示范制度

按照工作部署，湖北省近年选取了老河口市、夷陵区、蔡甸区、南漳县、宜都市、远安县、松滋市、随县等 8 个县（市）作为深化小型水利工程管理体制改革试点县进行探索和实践，并从省级财政专项中对部级试点和省级试点县补助经费 1600 万元（每个试点县 200 万元）。这 8 个县（市）在前期的改革实践中积极探索、大胆创新，形成了不少小型水利工程产权制度改革的好做法、好经验，如宜都市以"受益户共有制"为核心的产权制度改革新模式深受群众欢迎；南漳县的改革"十步工作法"切实将各项措施落到实处；夷陵区以"分级动员、分级定责、分级办点"为思路，找准切入点，放大辐射带动效益，把改革工作推向深入；襄阳、随州、孝感等鄂北岗地采取承包、租赁、拍卖、股份合作等产权制度改革形式，既盘活了存量资产，实现了滚动发展，又落实了管理主体，实现了受益者和管理者的双赢；荆州、仙桃、潜江等江汉平原湖区林水渔相结合，实行以林养渠、以渔养堰，推动产权制度改革。这些改革经验和典型起到了很好的示范引导、典型带动作用。

（5）管理方案与方法

一是出台了实施方案和工程管护办法。多数市、县按照"指导意见"，因地制宜地提出具体的实施方案，鄂州、黄冈、十堰、襄阳、荆州、咸宁等市制定了小型水利工程管护及考核等办法，落实了相关责任，建立了较完善的运行机制。二是制定了补助资金使用管理办法。水利厅联合省财政厅印发了《湖北省农村小型水利设施维修养护和项目建设补助资金使用管理办法（试行）》（鄂财农发〔2013〕171 号），明确省、市、县筹集资金的来源、补助小型水利工程范围及用于工程管护和维修的比例，对 12 类小型水利工程确定了管护资金补助标准。同时，将开展小型水利工程管理体制改革的效果作为省级财政分配资金的重要因素，占权重的 30%。三是构建了改革工作信息报送机制。印发了小型水利工程管理体制改革工作信息报送制度，明确了各市、县改革工作联系人。此外，参考水利部相关资料，制发了湖北省小型水利工程管理体制改革情况表。各地要将信息报送工作纳入重要工作议程，水利厅将对信息报送情况进行考评，考评结果将纳入次年资金分配因素范畴。四是研究起草了《湖北省农村小型水利设施管护资金报账管理办法》。其中明确了管护资金按照"养护为主、维修为辅"的原则统筹使用，用于日常养护的支出不得低于 70%。经验收后，由县级财政部门（或委托乡镇财政）、水行政主管部门审核报账资料，采取"以奖代补""先建后补"的方式直接补助给项目管护主体。

（6）审批权限

为进一步激发各地推进小型水利工程管理体制改革动力，引导从解决基层群众最迫切的小型水利工程维护养护和项目建设入手，通过发挥基层组织的引导作用和群众的主体作用，因地制宜开展小型水利工程维修养护和项目建设，湖北省将中央统筹农田水利建设资金和省级统筹的农村小型水利设施维修养护和项目建设补助资金实施方案的审批权分别下放到县级和市级，省级合规性审核后下达计划并拨付资金。通过改革审批方式，提高了各地申报效率，也充分尊重了各地自主决策的权利，为深化小型水利工程管理体制改革创造了良好环境。

（二）宜都市全面深化改革的执行模式

湖北省宜都市 123 个村共 10687 处小型水利工程，全部实行了管护改革，包括堰塘 8500 口、河挡（坝）658 处、泵站 94 处、渠道 1435 条（488.6 千米）。全市有 10 万农户领到《产权证书》；专门成立了流域管理机构对跨乡镇的中小河流河道、灌区骨干渠系承担建设管护职能。其改革实践和执行模式包括以下过程和经验特色。

1. 探索产权受益户共有制

截至当前宜都市水利改革经历了四个阶段。第一阶段（2004—2010年）主要探索产权受益户共有制。为从根本上解决水利产权和管护"瓶颈"问题，2004年宜都市通过深入调研，借鉴土地、林权改革的做法和经验，选择姚家店乡黄莲头村作为开展"产权受益户共有制"改革试点，受到农户普遍欢迎。在总结试点工作经验的基础上，2005年在全市推广。"产权受益户共有制"改革就是把小型水利工程的一定期限的使用权划归受益农户，由受益户自主经营管理，受益户额按每户的受益面积（或受益人口）进行分配。主要做法见下面注释①。

2. 依托产业与项目推进改革

第二阶段（2011—2013年）主要探索依托产业和项目推进改革，形成了先建机制后建项目、建管同步的模式特征。2011年8月，宜都市在中央财政第三批小农水重点县（高效节水灌溉试点）项目中，一改过去项

---

① 第一，明确所属水利工程的使用范围。在进行"受益户共有制"改革之前，试点村村委会首先确定工程水面面积、占地面积、周边界线和地理位置、工程所含附属物（如耕地、林地等）的范围。同时，为保证工程周边相邻的农户（或其他业主）对界线无争议，在确保双方共同受益的情况下进行了协商并进行双方签字确认。第二，将受益对象、受益面积进行公示。在进行不少于7日的公示期内，确保工程的受益对象准确，受益面积无误。针对公示期间群众提出的异议，村委会及时进行核实更正。同时，做到充分尊重农民的意愿。对在受益范围内因种植品种调整或有新的水源而不愿意参与的农户以及通过工程措施能实现受益但是在受益范围以外的农户，要充分尊重其意愿。第三，拟定和确认《水利工程使用权变更合同》。合同主要是明确集体经济组织与受益农户的责任和义务；明确合同期限要和农田承包期同步，明确以农田灌溉为主的水利工程不改变其灌溉功能。合同内容还包括水利工程的具体名称、范围和位置，受益农户的户主姓名、权属变更的内容，面积，合同期限，违约责任，双方的权利和义务等。第四，农户自行推荐产生产权代理人。产权代理人，即受益户代表，由全体受益农户协商推荐，在经过选举后从受益户中产生，主要代表全体受益农户处理水利工程管理事务、对外签订工程管理合同等相关事务。第五，按规定核发相关权属证件。2005年1号文件规定，乡镇人民政府有权核发小型水利工程的权属证件。宜都市根据实际情况在核发权属证件的过程中对水利工程附属的土地、林地等，按相关法律、法规规定核发相应的权属证件。在涉及相应法规尚未完善的，待相关法律法规完善后再核发《水利工程产权证》。第六，签订《工程管理合同》。管理合同分有收益与无收益两类，有收益的采取承包、租赁等形式的合同，无收益的采取委托管理的方式进行管理并签订《委托管理合同》。卞于林：《扩大群众用水自主权　促进水资源合理利用——宜都市农村集体水权确权试点工作探索》，《水利发展研究》2014年10月10日。

目到镇、指导实施、检查验收"三段式工作法"，结合现代农业发展的实际，依托产业企业，建设项目，优化方法，管好项目。

第一，依托产业实施项目。宜都市高效节水灌溉工程项目主要适用于柑橘、冬枣、黄桃、蔬菜等产业，通过采用现代化的高效节水灌溉技术，实现产业发展和水利建设同步推进，良性互动。第二，依托企业推进项目。市水利部门依托农业龙头企业、农业专业合作社等规模企业，将分散的土地集中连片，将土地流转到各农业龙头企业，并采取"公司＋合作社＋基地＋农户"四位一体的经营模式，使得龙头企业、合作社和农户紧密结合在一起，为高效节水灌溉工程建设和管理提供了合作基础。第三，依托机制保障项目。宜都市先建管护机制，后建水利项目。项目区所在的农业专业合作社或村委会为工程的管护主体，村委会管理机耕道等工程配套设施，专业合作社管理灌溉设备。高效节水灌溉工程通过验收后，及时办理工程移交手续，将管护任务交给项目区所在农业专业合作社、龙头企业，并与之签订小农水重点县项目资产管护委托书，明确了高效节水灌溉设施的产权、使用权和管护权，管护费用以及检查考核机制。市政府拿出50万元作为每年度的小农水灌溉设施管护费用，组织专班对管护责任单位或个人进行考核。同时制定《喷灌、微灌工程运行管理制度》，并采取示范、培训等多种形式对农民开展节水技术和管理办法培训，全方位地增强了建设责任和管理主动性，形成长效管理机制，把水利工程项目安排与管护责任挂钩。[①]

3. 推进管护改革全覆盖

第三阶段（2013—2014 年）主要工作是推进水利工程管理全覆盖，凸显水管单位地位和作用。通过前期研究摸索和创新实践，宜都市对小型水利工程建管机制不断总结完善，力求形成全覆盖工作局面，全面加强水利工程管理，提高工程效益。

---

① 李广彦：《宜都：小农水抗大旱启示录》，见 http：//blog. sina. com。

第一，为小型水库请"保姆"①。第二，为小渠道请"护工"②。第三，为饮水工程找"业主"③。第四，为农村河道找"管家"。"针对跨乡镇中小河流、农村河道、中小型灌区骨干渠道等水利工程管理难的问题，2014年宜都市积极探索以水管单位为管护主体的流域管护机制，依托市直水管单位成立流域管理专管机构。"④ 经市委市政府同意，宜都市机构编制委员会以都编［2014］14号批复，在大溪水电灌溉管理处、九道河水库水利电力管理处和熊渡集团分别加挂"大溪流域管理处""九道河流域管理处""渔洋河流域管理处"牌子，"成立流域管理机构，加大管理力度，凸

---

① 一是建立队伍，落实资金。每座小（1）型水库配备2名专管员，每座小（2）型水库配备1名专管员。管护人员经费标准按照规模大小确定，小（1）型水库每座2万元，小（2）型水库每座1万元，每年安排50万元资金，其中市级财政承担60%，乡镇财政承担40%。二是明确任务，落实责任。水利部门对每个专管员进行技术培训，全部持证上岗，明确规定了小型水库专管员的职责。三是严格考核，规范管理。水库专管员采取聘用制的方式进行管理，由各乡镇人民政府根据实际情况与其签订内容明确和详细的目标考核责任书，实行月检查和季度考核制度。市水利局和市财政局对水库安全管理工作进行监督。考核分优秀、合格、不合格3个等次，根据考核结果兑现报酬和奖惩。
② 积极探索渠道管护新机制，针对渠道连组跨村甚至跨乡镇的实际，选聘村民做"护工"，搞好渠道日常养护。2013年2月，经过推选的20名沟渠管护责任人成为龙窝、太保湖两个试点村将近15450米的主干渠20个责任段的管护责任人。全市推行沟渠长效管护机制，收到了较好效果。
③ 为有效破解农村饮水安全工程管理难题，充分发挥工程效益，按照业主与农户、建设与管理、方式与效率"三个对接"的原则，建立长效管理机制。一是"公建公管"方式。由市财政投入资金，将城市自来水管网延伸至各个受益村界，由供水公司直接进行维护管理。二是"公建民管"方式。由政府负责投资建设，将自来水主管网延伸至受益村界，在建成后将经营权委托给受益村进行维护管理。三是"民建民管"方式，即由农户自筹为主、国家补助为辅供水工程，由群众自主选聘业主负责维护管理。为保证合同期满后工程的保值增值，由受益农户通过公开竞价产生业主，在与村委会签订担保合同后取得工程建设和经营管理权。
④ 李广彦：《"三请"农民当"水官"》，《中国水利报》2014年10月23日；《先行先试创新更好服务民生》，《中国水利报》2015年6月5日；水利部发展研究中心经济研究处调研组钟玉秀、屈万海、付健：《湖北省宜都市农村饮水安全工程运行管理调研报告》，《水利发展研究》2010年9月。

显水管单位的管理主体和作用"①，扩大水管单位管理范围。水管单位除负责水库的管理、运行和维护，保证工程安全和发挥效益以外，还要对跨乡镇的中小农村河道、大中型灌区的骨干渠道和重要中小河流进行管理、运行和维护，保证河道、渠道安全运行和发挥效益。

4. 试点水权改革

从 2015 年起宜都市水利改革进入第四阶段，启动了农村集体水权改革试点。基本原则：一是集体所有，确权共用。农村集体经济组织的堰塘设施所有权为农村集体经济组织。农村集体经济组织的堰塘中的水资源使用权确权到农村集体经济组织，按照丰增枯减的原则，优先保障村民日常生产生活和生态用水需要。二是尊重群众，民主决策。根据群众的意愿，对堰塘数量多且分布均匀的地区，在农村集体经济组织的基础上将堰塘灌溉用水权确权到农户。三是水随田走，按水定量。按照水随田走的原则确定每位农户的灌溉用水权。同时，灌溉用水权的确权按照该堰塘区域内所能灌溉的耕地面积（包括水田、旱地）、各农户耕地面积大小进行分配，根据用水多少，实行丰增枯减。其分配的用水量不得超过堰塘可用水的总量。

2014 年 12 月编制完成了《宜都市农村集体水权确权试点方案》，已通过水利部审查。在开展农村集体水权确权登记颁证工作的同时，宜都市还积极探索小型水利工程建设"先建后补"的新机制。为进一步巩固小型水利工程管理体制改革成果，宜都市制定下发了《宜都市小型农田水利一般重点县项目先建后补建设管理办法》，主要目的是加快农村小型农田水利建设步伐，充分调动农民自主参与小型农田水利设施建设管理的积极性，增强农业综合生产能力；建设方式采取受益农户自行建设和受益农户委托专业施工队建设两种方式先建后补。整治的对象必须是村集体所有且

---

① 李广彦：《"三请"农民当"水官"》，《中国水利报》2014 年 10 月 23 日；《先行先试创新更好服务民生》，《中国水利报》2015 年 6 月 5 日；水利部发展研究中心经济研究处调研组钟玉秀、屈万海、付健：《湖北省宜都市农村饮水安全工程运行管理调研报告》，《水利发展研究》2010 年 9 月。

已经实施了产权制度改革的堰塘。实施步骤主要围绕宣传发动，农户申请及审核，确定堰塘整治内容，初步核定补助标准，整治计划公示公开，签订协议、清塘清障及下发开工令，组织实施，现场验收，拟补助资金公示，资金兑现等十个方面来组织实施。首先是堰塘受益农户推荐代表向所在村委会提出书面申请，村委会组织召开村民代表大会，对受益农户申请整治的堰塘进行逐一审核表决，确定纳入先建后补整治项目的堰塘。其次是村委会工作专班人员、市乡两级水利站技术人员、财政所专管员，会同受益农户依据书面申请提出的整治内容到现场确定整治内容及工程量，做到一个堰塘一个具体建设方案。整治内容和工程量确定后，再由村委会、水利站、财政所共同核定堰塘整治工程总造价。拟补助标准按照工程预算总造价的80％初步核定，对初步核定的堰塘整治补助资金进行张榜公示，公示结束后由村委会与受益户共同推荐的受益农户代表集中时间签订《小型农田水利先建后补项目补助协议》，下发《清塘、清障通知书》及《开工令》进行组织实施。堰塘受益农户在完成核定的工程量并验收合格，最后由所有乡镇财政所按照验收公示结果及补助资金直接拨付到受益农户代表一卡通账户。凡是验收不合格的，不予拨付补助资金，对于超范围、超标准实施的不予认可。目前，宜都市已确定了鸡头山、荷叶溪、五峰山三个试点村，并组建工作专班，结合小农水"先建后补"项目，按照《宜都市农村集体水权确权试点方案》和《宜都市小型农田水利一般重点县项目先建后补建设管理办法》，对农村集体经济组织修建的且已经实施了产权制度改革的堰塘进行整治，完善设施，为水权改革提供条件。[①]

（三）夷陵区普惠化改革的执行模式

目前，湖北省宜昌市夷陵区全区所有行政村的小型水利设施实施了管理体制改革，签订承包管理合同11万多份，签订率99％，涉及农户10万户，颁发农村"五小水利"工程设施承包经营权证7000多本，基本上

---

① 中共湖北省委党校、湖北省水利厅：《湖北小型水利工程管理体制改革研究》，根据协议未公开论文，2015年7月，选题来自本课题。

实现了"五小水利"工程设施"水权"发证范围全覆盖。其执行机制模式
具有以下显著的特征[①]：

1."五位一体"的组织机制

夷陵区按照"政府主导，水利协调，财政管钱，农经发证，农户参
与"五位一体的小型水利工程改革运行管护机制，制订方案（夷陵区小型
水利工程管护体制改革实施方案），成立机构（区政府领导及其水利、财
政、农经等部门），设立专班（组织、工作、保障三个专班），明确职责
（政府主导、财政管钱、农经发证、水利运作），落实任务（乡镇协调、村
组配合、农户参与）。

2."六个一"标准

按照每处工程有"一张工程照片、一本设计图、一块公示牌、一份承
包合同、一本经营权证、一套档案资料"的"六个一"标准，实施了以承
包确权为核心的农村小型水利工程管护改革。

3.以普惠与公益为目标

坚持把完善小型水利工程的普惠功能摆在改革的首要位置，严把改革
方向，明晰集体所有权、放活承包经营权、保护农民受益权，激发受益者
的积极性，达到改革惠及民生目的。一是始终坚持项目工程的公益性。农
村小型水利工程与群众生活息息相关，在日常生活和生产中占据主要位
置，是重要的民生工程，是建设社会主义新农村必不可少的公益性基础设
施。夷陵区在充分调研和科学论证的基础上，确立了人畜饮水、防灾减
灾、政府调度、项目建设的"四优先"原则，确保小型水利工程不因承包
确权到户而改变其公益性。二是深入群众进行宣传，讲清现有各项政策中
的惠民措施，让群众实实在在感受到政策带给自己的实惠，主动参与到水
利设施建设与管护工作中。在改革中，夷陵区根据现有惠民政策中关于土
地二轮延包的政策，统一实行承包年限与土地二轮延包三十年一致，确保

---

① 中共湖北省委党校、湖北省水利厅：《湖北小型水利工程管理体制改革研究》，根据协议未公
　　开论文，2015 年 7 月，选题来自本课题。

承包户的利益，受到承包户的称赞和拥护。三是资金保障，夷陵区积极创新，建立了投入奖励机制和办法，对承包人扩容塘堰根据机制和办法相关规定给予一定的补助，全区共筹集资金 1.7 亿元，区财政投入 4000 万元，整合资金 1 亿多元。四是根据实际情况确定承包权限。依据用水者协会的统计资料和农民承包意愿，分类别地对小型水利工程进行承保权限确定。对自用自管的堰塘，采取单户承包形式，村委会与农户签订管护合同，明确管理责任，发放小型水利工程承包水权证；对使用范围广、涉及农户多、产出效益高的堰塘，在农民用水者协会的组织下采取公开竞标的办法确定承包人。村委会与承包人签订承包合同，承包人再与协会其他受益农户签订合同，形成了"共建共管"的局面；对于使用率低、涉及农户少、产出效益低的堰塘，采取协会共管制或者指定管理制，村委会与用水者协会或指定的村民代表签订承包管理合同。

　　4. "三分"定责确保改革执行力

　　夷陵区按照"分级动员、分级定责、分级办点"的思路，以塘堰管护机制改革为切入点，放大辐射带动效益，把改革工作推向深入。一是分级联动。夷陵区坚持区级定方向、部门互联动、乡镇抓协调、村级促落实，分级推进改革工作。区政府召开动员大会，印发了《夷陵区农村小型水利工程管护机制改革办法》，并与各乡镇签订了责任状，将此项工作纳入乡镇政府年度工作目标考核，确保水利设施与承包确权同时到位。组建了由区水利局、区农经局等部门组成的工作专班，各乡镇和各村落实了责任人，确保责任落实到位。创造了"政府主导、全民参与、职责明确、确权明界、签订合同、发放权证"的改革流程。二是分级定责。在确权中，首先确定的是村委会为管护的第一责任人；其次是管护直接负责人，直接负责人是与村委会签订《承包经营合同》后确定的承包人；最后，管护直接负责人与受益农户签订《承包管理合同》，合同中对双方的责任和义务进行明确，确保合同在双方共同受益的情况下执行。这些确权行动保证了"村、户、人"在管护的同时共同受益，形成了三位一体的管护责任机制，确保实现小型水利工程"有人建、有人管、长收益"的目标。三是分级办点。按照"统一组织领导、统一政策要求、统一组织验收","分类制定资金补助标准、分村组织工程建设、分户落实管理措施"（即"三统三分"实施办法）。自 2004 年在梅店村试点以来，全区先后建立了 1 个区级示范点、12 个乡镇示范点、102 个村级示范点。

5. 程序"三公"推动群众依法民主参与

夷陵区坚持依法依规、严格程序，发动农民参与，实行民主决策，确保了改革公平、公正、公开，赢得了群众支持。一是坚持依法依规。严格把好"六道关口、做到六个一律"，即严把调查摸底关，一律登记造册；严把方案审批关，一律一堰一策；严把竞标关，一律公开发包；严把公示公告关，一律上墙一周；严把合同签订关，一律一式三份；严把合同执行关，一律按合同确权定责。切实做到规定程序一步不少，规定环节一个不减，规定要求一律不降。二是坚持群众主体。为确保群众的参与权、知情权、监督权和决策权，夷陵区在实施过程中通过召开群众会、群众代表会等方式，让群众全程参与包括水利设施边界确定、承包方案评审讨论、现场竞价发包、承包合同签订等关键环节的实施过程，确保让群众放心、让群众满意、让群众得到实惠。三是坚持统筹兼顾。坚持把水利发展和小型水利工程管理体制改革工作"两手抓"，以水利发展促进改革，以改革促进水利发展，实现了"两不误、两促进"。通过改革，夷陵区共筹措各类水利建设资金 3.5 亿元，整合项目资金 1 亿元，新建和维修各类水利设施6000 多处，新增蓄水量 627 万方，增加旱涝保收良田 6 万亩。

（四）湖北改革执行的经验、问题与原因分析

1. 湖北改革的五点经验[①]

"第一，领导重视，部门配合是前提。试点县党委、政府高度重视深化小型水利工程管理体制改革工作，制定工作实施方案，明确水利部门落实技术指导和监督检查；财政部门加强工程建设资金的筹集、管理和监

---

① 中共湖北省委党校、湖北省水利厅：《湖北小型水利工程管理体制改革研究》，根据协议未公开论文，2015 年 7 月，选题来自本课题。

督；政府有关部门或乡镇政府落实水利设施勘界、确权、发证。各部门分工明确、责任具体、协调一致，构建了齐抓共管的改革工作格局，促进了改革工作的落实。

"第二，改革确权，三权分离是基础。地方水利行政主管部门制定本地小型水利工程权属划定及登记管理办法，指导各类小型水利工程明确权属关系，帮助界定管理和维护的工程范围，在勘界确权的过程中做到所有权、经营权、受益权三权分离，充分调动各方积极性。

"第三，宣传发动，农民自愿是核心。通过宣传发动，向农民传达小型水利工程管理体制改革及建管一体化工作补助范围、申报程序、建设标准、验收办法、资金兑现等政策，项目区农民自愿参加改革、申报补助，才能激发建设、管护的积极性。

"第四，规范建设，程序到位是根本。按照'农户申报有依据，规划设计有图表，农民自筹有账簿，定额补助有标准，验收兑现有规范，建后管护有章程'的'六有'思路，开展深化小型水利工程管理体制改革工作，充分发挥受益群众在项目实施工程中的主体作用，实现小型水利工程农民自建、自管、自受益。

"第五，确权明责，建立机制是保障。对已建的小型水利工程明确管护责任人，签订管护协议，颁发'产权证书'，并根据已制定的《小型水利工程管护考核办法》对管护责任人进行严格考核，对于管护合格的责任人实行资金补助，激发管护活力。"

2. 现存问题与"短板"

（1）各地改革发展参差不齐，改革还只是点上取得突破

近年来湖北省农村小型水利改革发展通过省级政府和地方政府，包括地市、县、乡镇政府和村级组织，并通过发挥农户的自主性、积极性和加大投入的方式，取得了较大的成效，其中"三万"活动在引导和推进改革方面起到了积极作用。但是，总体上湖北省近年来农村小型水利改革发展还只是在"点"的层面有所突破，从全省的情况和各地的"面"上看，存在"只见树木不见森林"的片面性。改革还很不彻底、不全面、不深入，

改革本身也存在"短板"，塘堰等小型水利设施的管护方式及其产权属性大部分仍然属于传统的村组集体所有制，实施了产权制度改革的还只是少数，在全省范围推进塘堰等小型水利设施产权制度改革任重而道远，改革的总体步伐还比较慢。

（2）县域内乡镇之间和村庄之间改革投入不均等

国家和省级财政对各县的财政投入均等化水平得以提高。省级和地市级主管部门直接审批项目、"一竿子插到底"的做法逐步得到改变，县级自主权逐步加大，积极性得到调动发挥，各县的改革发展亮点频现，但是县级以下各乡镇和各乡村之间发展不均等和改革投入不均等的现象还比较普遍。

一些乡镇和村庄农村小型水利修复改建的任务艰巨，大多是 20 世纪 50 年代至 70 年代兴建的水利设施，服务功能"先天不足"，灌溉设施、末级渠系大多不配套，工程老化、淤积、塌方、渗漏、损毁相当严重，严重影响效益的发挥。新建小型水利工程也出现功能效益"瓶颈"，由于社会监督缺位，自律组织缺位，加之农村水利建设人才层次不齐、专业人才欠缺、技术更新慢等问题，工程质量不高、无法按工期完成等现象在农村水利建设中时有出现。即使每年各级政府投入大量资金新建的农村小型水利工程，由于管护主体和责任没落实，维护和管理跟不上，水利工程的效益大打折扣，可持续利用率低下。

（3）改革容易形成"政策洼地"现象，"政策高地"难构筑

改革发展环境和社会经济发展整体条件好的地方，财政投入资金和地方配套资金形成良性互动，政策和财政资金的激活和撬动效应明显，改革发展就会出现越来越好的局面，各类政策资金和人、财、物及技术容易汇聚形成"洼地"现象。然而，受各地社会经济发展整体水平和条件的制约，对于欠发达地区而言，政策和财政资金的激活和牵引作用发挥不够，试点示范和改革的经验及创造性做法向欠发达地方推广难度很大，相关政策还没有达到构筑起改革"高地"回流普惠的效果。

3. 主要原因分析

（1）历史原因

由于历史原因，我国长期以来农村小型水利管理体制残缺，一些地方县乡财政困难，农村集体经济逐步削弱，基层乡镇和行政村负债运行，农村小型水利历来维护管理和改革发展"欠账"太多。"受农村体制改革的负面影响，农村土地由村、组集体经营转变为家户分散经营，大量农村小型水利工程由于产权归属不明确，国家、集体、受益户三者的职责和义务越来越模糊，导致这些工程建、管、用三位脱节，管理、维护主体缺位。同时，大多数水管单位性质不明，运行机制不活，公益性工程缺乏财政支持，经营性部分又难以实现良性发展，造成工程维修资金难落实、工程管理基础薄弱、效益难以正常发挥、服务质量难以保证。加之各地长期存在重建轻管、重大轻小、重枢纽轻配套的意识，致使农村小型水利工程成为'弃儿'，形成'国家管不到、集体管不好、农民管不了'的局面。"[①]

（2）多属性与复杂性原因

农村小型水利的多属性及特征决定了改革发展的难度很大。农村小型水利事关人水关系，点多面广，既有自然属性，也存在社会属性；既存在水利工程建设与管理的专业技术属性的问题，也存在水利经济属性的问题；既是促进经济发展的基础设施条件，也是民生需求的基本要素；既有商品属性，又有公共产品和半公共产品属性；既受各地自然地理和资源条件的制约，又受人文地理和社会经济发展条件的制约；既会受到市场化改革的影响，也会受到城镇化的影响。由于农村小型水利的多属性和复杂性，对技术、资金、人才设备和政策的配套要求非常高，由此导致一些欠发达地区改革发展顾此失彼，难以形成整体推进局面，改革发展的速度缓慢。

（3）政策体系的原因

---

① 资敏：《守着源头依然望水兴叹》，《中国环境报》2010 年 8 月 31 日；闫连伟：《关于农村小型水利工程管理的思考》，《陕西水利》2011 年第 1 期。

　　农村小型水利改革发展在乡镇和村、组等基层治理单元缺乏均等化机制，投入机制不健全、不完善、不可持续。同时，政策体系不完善，现有改革政策依据不足，比如，国家层面对土地、山林、水面有确权认证，但对小型水利工程无法定确权依据。一些地方存在主要领导重视不够，组织领导和考核评价责任没有夯实，不同层级政府和基层治理单元缺乏均等化责任体系，一些基层治理主体对农村小型水利改革新政的学习领会不够，消化吸收不全，执行落实不力，且存在重视经济效益、轻视社会民生效益和重视短期效益、轻视长期效益的现象。由此导致农村小型水利人水关系的系统性与治水政策"碎片化"矛盾长期存在。

第四章 来自基层干部和村民
的问卷调查与均等化评估

调查研究部分着眼于解决两个方面的问题：一是补充前两章倾向宏观分析的不足，侧重微观层面研究农村小型水利改革发展均等化的实现程度，从群体均等化特别是基层干部群众民生水利呼声的层面开展实证研究；二是解决宏观统计数据发布滞后的问题，宏观比较分析部分采纳的统计数据以 2014 年之前的数据为主，本部分问卷调查工作开展于国家"十二五"规划的收官之年，即 2015 年 6 月至 11 月，主要调查对象是县乡基层干部和村民群众，主要研究"十二五"期间农村小型水利改革发展均等化的最新成效，尤其是各乡镇和各村庄之间的差异与均等化水平。

问卷根据调查对象的不同分两种方式进行发放、回收、整理和研究；调查内容基本相同，按照农村饮水安全保障、村庄灌排与防灾保障、水利设施的新建与改善、村民对新建水利设施的满意度、水利设施的管护与改革、村民对水费收取的满意度、村庄水环境治理与改善等七个方面设计问卷。

第一部分问卷主要针对县乡基层干部，他们大都是各级党校在职培训班的学员，问卷通过培训班的任课教师和组织员（班主任）进行发放和回收，发放问卷 500 份，回收有效问卷 450 份，有效问卷回收率 90%。第二部分问卷主要针对村民，采取由课题组成员进村入户的方式发放和回收，在两个相邻村庄发放问卷 300 份，回收有效问卷 257 份，有效问卷回收率 85.7%。第三部分访谈主要针对乡镇党委书记和村支部书记或村委会主任。

下面，按上述三种方式分三个部分报告调查研究结果，前两个部分是问卷调查，第三部分是座谈与访谈的内容。

一、来自基层干部的问卷调查与均等化评估

(一) 受访干部的基本特征与构成

参见表4-1，本次调查对象为湖北省的450位基层干部，其中62%的人为男性干部，38%为女性干部；一半是20—30岁的年轻公务员或选调生，一半是31岁以上的中青年干部；85%以上的人具有本科及以上学历；72%的人出生地在农村；59%的人工作在县城之外的农村；50%的人每年到乡村工作或进村调研的天数在31—360天；26%人以熟悉的丘陵村为观察对象填写问卷，39%的人以熟悉的平原村为观察对象填写问卷，35%的人以熟悉的山区村为观察对象填写问卷；他们的职务级别4%为村干部，13%为选调生，11%为乡镇党委书记，10%为县处级干部，62%为其他科级干部。

表4-1　受访干部的基本特征与构成分布

变量	变量名称	选答频数	百分比 (%)	变量	变量名称	选答频数	百分比 (%)
X_1	性别			X_6	身份		
	男	280	62		村干部	20	4
	女	170	38		其他科级干部	275	62
X_2	年龄				选调生	60	13
	20—30岁	227	50		乡镇党委书记	50	11
	31—40岁	133	30		处级干部	45	10
	41岁以上	90	20	X_7	年进村调研工作天数		
X_3	学历				1—10天	115	26
	研究生	40	9		11—30天	109	24
	本科	385	85		31—100天	94	21
	专科及以下	25	6		101—360天	132	29

续表

X_4	家乡（出生地）			X_8	熟悉的村庄类型 （调查村庄类型）		
	城市	155	28		丘陵	115	26
	农村	395	72		平原	178	39
X_5	工作地				山区	157	35
	城市	183	41				
	农村	267	59				

（二）调查内容与调查结果

1. 饮水安全保障

（1）超 1/3 的问卷反映村民获取饮用水困难

450 份有效问卷中，154 份问卷反映村民获取饮用水困难，占 34.2%；276 份否认村民获取饮用水困难，占 61.3%；20 份选不知情，占 4.4%。见表 4-2。

表 4-2　反映村民获取饮用水困难的问卷情况

		选答频数	百分比（%）
C_1	村民获取饮用水是否困难		
	是	154	34.2
	否	276	61.3
	不知道	20	4.4

（2）56% 的问卷反映村民使用入户管道水

450 份有效问卷中，253 份问卷填写村民使用管道水，占 56.2%；179 份问卷选村民没有使用管道水，占 39.8%；20 份选不知道，占 4%。见表 4-3。

表4-3　反映村民使用入户管道水的问卷情况

		选答频数	百分比（%）
C₂	村民是否使用入户管道水		
	是	253	56.2
	否	179	39.8
	不知道	20	4

（3）43%的问卷反映村庄饮用水经过净化处理

450份有效问卷中，192份选答村庄使用经过净化处理的饮用水，占43%；120份选答村庄饮用水源主要是井水，占27%；137人选答江河湖库水，占30%；15份选答池塘水，占3%；选答其他水源的有35份，占8%。见表4-4。

表4-4　反映村庄饮用水经过净化处理的问卷情况

		选答频数	百分比（%）
C₃	村庄饮用水主要水源（可多选）		
	经过净化处理的饮用水	192	43
	井水	120	27
	江河湖库水	137	30
	池塘水	15	3
	其他	35	8

（4）67.5%的问卷反映日常生活用水充足

450份有效问卷，304份反映村民日常生活用水充足，占67.5%；124份反映村民日常生活用水不充足，占27.5%；22份反映不知道，占4.9%。见表4-5。

表 4—5 反映日常生活用水充足的问卷情况

		选答频数	百分比（%）
C₄	村民日常生活用水是否充足		
	是	304	67.5
	否	124	27.5
	不知道	22	4.9

（5）36%的问卷否认日常生活用水卫生健康

450 份有效问卷，115 份肯定村民日常生活用水卫生健康或对身体无害，占 25.6%；162 份否认村民日常生活用水是卫生健康或对身体无害的，占 36%；反映不知道的有 173 份，占 38.4%。见表 4—6。

表 4—6 反映日常生活用水卫生健康的问卷情况

		选答频数	百分比（%）
C₅	村民日常生活用水是否卫生健康或对身体无害		
	是	115	25.6
	否	162	36
	不知道	173	38.4

2. 村庄灌排与防灾保障

（1）22%的问卷反映村里经常发生旱涝灾害

450 份有效调查问卷中，99 份肯定村里经常发生水土流失或旱涝灾害，占 22%；293 份否定村里经常发生水土流失或旱涝灾害，占 65%；60 份选不知道，占 13%。见表 4—7。

表 4—7 反映村里发生旱涝灾害的问卷情况

		选答频数	百分比（%）
C₆	村里是否经常发生水土流失或旱涝灾害		
	是	99	22
	否	293	65
	不知道	60	13

（2）58％的问卷反映村庄大部分农田得到有效灌排

450 份有效问卷中，选答村庄农田得到有效灌溉和排涝的 77 份，占 17％；选答大部分农田得到有效灌溉和排涝的 260 份，占 58％；选答小部分得到有效灌溉和排涝的 63 份，占 14％；选不知道的 50 份，占 11％。见表 4—8。

表 4—8　反映村庄农田得到有效灌排的问卷情况

		选答频数	百分比（％）
C_7	村庄农田是否得到有效灌溉和排涝		
	是	77	17
	大部分农田能得到有效灌溉和排涝	260	58
	小部分农田得到灌溉和排涝	63	14
	不知道	50	11

3. 小型水利建设与改善

（1）60％的问卷反映村里有新建的小型水利设施

450 份有效问卷中，反映近五年村里有政府投资新建的小型水利设施的 270 份，占 60％；70 份反映近五年村里没有政府投资新建的小型水利设施，占 13％；120 份反映不知情，占 27％。见表 4—9。

表 4—9　反映村里新建小型水利设施的问卷情况

		选答频数	百分比（％）
C_8	近五年村里是否有政府投资新建的小型水利设施		
	是	270	60
	否	70	13
	不知道	120	27

（2）82％的问卷反映村庄水利设施有改善

450 份有效问卷中，94 份反映近五年村庄小型水利设施改善很大，占

21%；274份反映近五年村庄小型水利设施有所改善，占61%；41份反映近五年村庄小型水利设施没改善，占9%；41份反映不知道，占9%。见表4-10。

表4-10　反映村庄水利设施改善的问卷情况

		选答频数	百分比（%）
C$_9$	近五年村庄小型水利设施是否较以前得到改善		
	改善很大	94	21
	有所改善	274	61
	没改善	41	9
	不知道	41	9

4. 村民对政府新建小型水利设施的满意度

（1）63%的问卷反映村民对新建的小型水利设施满意

450份有效问卷中，反映村民对政府投资新建的小型水利设施满意的53份，占12%；反映村民对政府投资新建的小型水利设施比较满意的228份，占51%；反映村民对政府投资新建的小型水利设施不满意的75份，占17%；表示不知道的94份，占20%。见表4-11。

表4-11　反映村民对新建的小型水利设施满意度的问卷情况

		选答频数	百分比（%）
C$_{10}$	村民对政府投资新建的小型水利设施是否满意		
	很满意	53	12
	比较满意	228	51
	不满意	75	17
	不知道	94	20

（2）46%的问卷不满意水利设施不配套、不能正常发挥作用

450份有效问卷中，村民如果不满意政府投资兴建的农村小型水利设

施，可能存在以下原因：206 份问卷选不满意水利设施不配套、不能正常发挥作用，占 46%；59 份选不满意设施建设过程中存在质量问题或官员腐败，占 13%；29 份选不满意设施修建侵害了自身利益得不到补偿，占 6%；82 份选不满意设施兴建不公平、受益不均等，占 18%；50 份问卷选因其他原因不满意；30 份问卷选以上情况都不存在，占 6.6%。见表 4-12。

表 4-12 不满意政府投资兴建的农村小型水利设施原因的问卷情况

		选答频数	百分比（%）
C₁₁	村民如果不满意政府投资兴建的农村小型水利设施，可能存在下列哪些情况（可多选）		
	设施不配套、不能正常发挥作用	206	46
	设施建设过程中存在质量问题或官员腐败	59	13
	设施修建侵害了自身利益得不到补偿	29	6
	设施兴建不公平、受益不均等	82	18
	其他	50	11
	以上情况都不存在	30	6.6

5. 小型水利管护与改革

（1）23% 的问卷反映村庄小水利长期得不到维护管理

450 份有效问卷中，选答村组会维护管理小型农田水利设施的 164 份，占 36%；选答水利机构会维护管理小型农田水利设施的 94 份，占 21%；选答长期得不到管理维护的 104 份，占 23%；选答其他的 89 份，占 20%。见表 4-13。

表 4-13 反映村庄小型水利维护管理的问卷情况

		选答频数	百分比（%）
C₁₂	村庄小型农田水利设施是否得到管理维护		
	村组会维护管理	164	36
	水利机构会维护管理	94	21
	长期得不到维护管理	104	23
	其他	89	20

（2）22％问卷发现有人为损害小型水利设施的现象

450 份有效问卷中，101 份选答有人为损害小型水利设施的现象，占 22％；212 份否认有人为损害小型水利设施的现象，占 47％；137 份选不知道，占 30％。见表 4—14。

表 4—14　人为损害小型水利设施现象的问卷情况

		选答频数	百分比（％）
C13	村里是否有人为损害小型水利设施的现象		
	是	101	22
	否	212	47
	不知道	137	30

（3）47％的问卷反映村民会以组织动员方式参与水利建设管护

450 份有效问卷中，18 份选以租赁方式参与村庄水利建设、经营和管护，占 4％；103 份选以承包方式参与村庄水利建设、经营和管护，占 23％；49 份选以与受益户合作方式参与村庄水利建设、经营和管护，占 11％；210 份选在村组和上级组织动员下集体参与村庄水利建设、经营和管护，占 47％；78 份选择其他方式，占 17％。见表 4—15。

表 4—15　反映村民参与水利建设管护方式的问卷情况

		选答频数	百分比（％）
C14	村民一般以哪些方式参与村庄水利建设、经营和管护（可多选）		
	租赁	18	4
	承包	103	23
	与受益户合作	49	11
	在村组和上级组织动员下集体参与	210	47
	其他	78	17

6. 村民对水费收取的满意度

（1）58.2％的问卷反映村民用水收费

450 份有效问卷中，262 份反映村民用水收费，占 58.2％；143 份反映村民用水不收费，占 31.8％；45 份选不知道，占 10％。见表 4—16。

表 4—16　反映村民用水收费的问卷情况

		选答频数	百分比（％）
C$_{15}$	村民用水是否收费		
	是	262	58.2
	否	143	31.8
	不知道	45	10

（2）28％的问卷反映村民对水费收取不满意

450 份有效问卷中，34 份反映村民对水费收取很满意，占 7.6％；237 份反映村民对水费收取比较满意，占 52.7％；126 份反映村民对收取水费不满意，占 28％；53 份选不知道，占 11.7％。见表 4—17。

表 4—17　反映村民对水费收取满意度的问卷情况

		选答频数	百分比（％）
C$_{16}$	村民对用水收费是否满意		
	很满意	34	7.6
	比较满意	237	52.7
	不满意	126	28
	不知道	53	11.7

7. 村庄水环境治理与改善

（1）只有5％的问卷反映村庄水土未被污染

450 份有效问卷中，242 份问卷反映村庄被生活污水和垃圾污染，占 53.8％；95 份问卷反映村庄被工业污染，占 21.1％；138 份问卷反映村庄被农业或养殖业污染，占30.7%；反映村庄未被污染的问卷只有23份，占5.1%；另有28份问卷表示不知道，占6.2%。见表4－18。

表4－18　反映村庄水土污染的问卷情况

		选答频数	百分比（%）
C_{17}	村庄水、土是否被污染		
	被生活污水和垃圾污染	242	53.8
	被工业污染	95	21.1
	被农业或养殖业污染	138	30.7
	未污染	23	5.1
	不知道	28	6.2

（2）21%的问卷反映环保与卫生设施未改善

450份有效问卷中，76份反映近五年村庄环保、卫生设施较以前得到很大改善，占16.9%；250份反映近五年村庄环保、卫生设施较以前有所改善，占55.6%；95份反映近五年村庄环保、卫生设施没有得到改善，占21.1%；29份表示不知情，占6.4%。见表4－19。

表4－19　反映环保与卫生设施改善的问卷情况

		选答频数	百分比（%）
C_{18}	近五年村庄环保、卫生设施是否较以前得到改善		
	改善很大	76	16.9
	有所改善	250	55.6
	没改善	95	21.1
	不知道	29	6.4

（三）调查结论与政策建议

1. 农村饮水安全的“短板”与均等化程度有待提高

调查结果表明，农村饮水安全成效与困难并存，未来农村饮水安全巩固提升工程任务仍然艰巨，均等化程度有待提高。

国家农村饮水安全工程实施以来所取得的成效是明显的，从对湖北的问卷调查表明：56％的问卷反映村民使用入户管道水，43％的问卷反映村庄饮用水经过净化处理，忽略前后调查方式的差别，这两项调查指标与2006年的普查数据对比，提升幅度很大，大致可以反映"十二五"期间湖北省农村饮水安全"村村通"工程取得了实实在在的进展和成效。

2006年全国第二次农业普查数据显示：使用入户管道水的住户比例达到28.6％，落后于全国均值20个百分点。本次调查数据表明，十年来这一指标提升到56％。见图4－1。

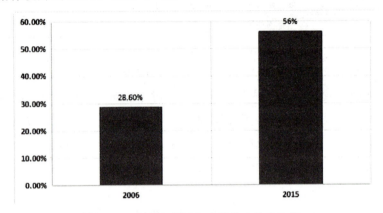

图4－1　湖北省使用入户管道水住户比例

2006年全国第二次农业普查数据显示：湖北省使用净化处理水的住户占14.13％。本次调查数据表明，十年来这一指标与上一指标一样提升迅速，达到43％。见图4－2。

同时，不容忽视的是，本次调查显示有超过1/3的问卷反映村民获取饮用水困难。如果忽略前后三次调查的区别，比较2006年普查数据、2011年"万名干部进万村入万户"活动问卷调查数据和2015年500份问卷对同一指标的统计发现：近十年获取饮用水困难的调查数据攀升。见图4－3。

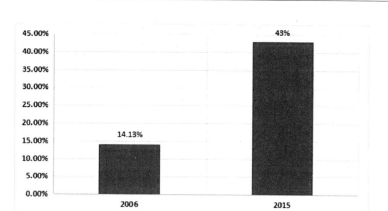

图 4—2 湖北省使用净化处理水住户比例

2006 年全国第二次农业普查数据显示：湖北全省获取饮用水困难住户的比例在 18.5%，高于全国 10.3% 的均值，在全国排名 19 位；2011 年 3 月，湖北省"万名干部进万村入万户"活动完成的 50 万份调查问卷显示：全省有 29.98% 的受访农民反映用水困难，其中恩施自治州、神农架林区和十堰市分别有 49.6%、44.3%、37.7% 的受访者反映用水困难。

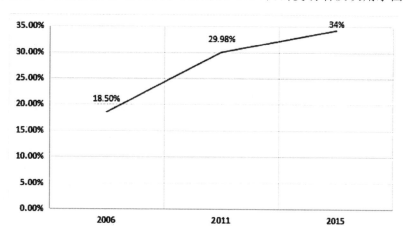

图 4—3 湖北省获取饮用水困难住户所占百分比的动态折线图

2. 村庄灌排与防灾保障水平有待提升

2006年第二次农业普查时，湖北村庄灌溉保障水平高于全国平均水平，基础相对较好。见表4—20。而本次调查显示：22％的问卷反映村里经常发生旱涝灾害，17％的问卷反映村庄农田得到有效灌排，58％的问卷反映村庄大部分农田得到有效灌排，14％的问卷反映村庄小部分农田得到有效灌排。这些数据表明村庄灌排保障水平有待提升的空间还很大。

表4—20　全国和湖北村庄灌排情况比较（全国第二次农业普查）

	灌溉无水源的村	在正常年景下用水有保障的村	有机电井的村	有能够使用的灌溉用水塘和水库的村	有排灌站的村
湖北省	7.81％	80.47％	11.21％	61.79％	38.98％
全国	11.0％	79.48％	37.37％	36.31％	18.02％

3. 农村小型水利建设要确保基层干部和群众满意

调查显示：60％的问卷反映近年村里有政府新建的小型水利设施，82％的问卷反映村庄水利设施有改善，63％的问卷反映村民对新建的小型水利设施满意。可见，近年政府对农村小型水利的建设投资加速，民生小型水利建设赢得了大多数村民群众的心。但是，46％的问卷反映不满意水利设施不配套、不能正常发挥作用，13％的问卷反映不满意设施建设过程中存在质量问题或官员腐败，6％的问卷反映不满意设施修建侵害了自身利益得不到补偿。这表明：农村小型水利的兴建要进一步统筹规划，确保功能配套和切实发挥效益，确保质量和资金安全，工程建设过程中如果损害群众利益要做到合理补偿，确保基层干部和群众满意。

4. 农村小型水利建设投资要提高受益均等化程度

调查显示：13％的问卷反映近年村里没有政府新建的小型水利设施，9％的问卷反映近年村庄水利设施没有改善，17％的问卷反映村民对新建的小型水利设施不满意，18％的问卷反映不满意设施兴建不公平、受益不均等。

5. 组织动员是群众参与小型水利建设与改革的有效方式

调查显示：23％的问卷反映村庄小型水利设施长期得不到维护管理，

22％问卷发现有人为损害小型水利设施的现象，47％的问卷反映村民会以组织动员方式参与水利建设、经营或管护，4％的问卷以租赁方式参与村庄水利建设、经营和管护，23％的问卷反映以承包方式参与村庄水利建设、经营和管护，11％的问卷反映以与受益户合作方式参与村庄水利建设、经营和管护，17％的问卷选择其他方式参与。可见，各级组织动员是群众参与小型水利建设与改革的有效方式。

6．农村小型水利经营收费村民满意度有待提升

调查显示：58.2％的问卷反映村民用水收费，28％的问卷反映村民对水费收取不满意，7.6％的问卷反映村民对水费收取很满意，52.7％的问卷反映村民对水费收取比较满意。

7．村庄水环境治理还需加大力度

54％的问卷反映村庄被生活污水和垃圾污染，21.1％的问卷反映村庄被工业污染，30.7％的问卷反映村庄被农业或养殖业污染，只有5％的问卷反映村庄水土未被污染。

16.9％的问卷反映近五年村庄环保、卫生设施较以前得到很大改善，55.6％的问卷反映较以前有所改善，21.1％的问卷反映近五年村庄环保、卫生设施没有得到改善。可见，村庄水环境卫生治理还需加大力度。

二、来自两个相邻村庄的问卷调查与均等化评估

本项调查以四川省南部某乡镇两个相邻村庄的257户村民为调查对象，共发放问卷300份，回收有效问卷257份，其中L村回收有效问卷157份，Z村回收有效问卷100份。

（一）受访村民的特征及构成

L村男性受访村民占69％，女性受访村民占31％；其中67％为30—49岁的中青年人；85％的人接受了7—12年的学历教育；86％的人为普通农民。Z村男性受访村民占88％，女性受访村民占12％；其中38％的人为30—49岁的中青年人；33％的人接受了7—12年的学历教育；89％的人为普通村民。他们的家庭人口、劳动力人数、口粮来源、主要收入来

源和家庭种植面积等特征参见表 4—21。

表 4—21　两个村庄受访村民的特征与构成分布

变量	变量名称	L村		Z村	
		频数	构成（%）	频数	构成（%）
X₁	性别				
	男	109	69%	88	88%
	女	48	31%	12	12%
X₂	年龄				
	30—49 岁	105	67%	38	38%
	50—59 岁	42	27%	36	36%
	60 岁以上	10	6%	26	26%
X₃	学历				
	6 年及以下	50	32%	67	67%
	7—9 年	41	54%	29	29%
	10—12 年	46	31%	4	4%
X₄	身份				
	普通农民	136	87%	89	89%
	村组干部	11	7%	6	6%
	个体户	10	6%	5	5%
X₅	家庭人口				
	4 口及以下	109	69%	74	74%
	5 口及以上	48	31%	26	26%
X₆	家庭劳动力数			1	
	1—2 个	101	64%	57	57%
	3 个及以上	56	36%	43	43%
X₇	家庭收入来源				
	务农	85	54%	70	70%
	务工	58	37%	25	25%
	经商	14	9%	5	5%
X₈	口粮来源				
	自己种植	87	55%	76	76%

续表

	购买	70	45%	24	24%
X_9	家庭种植面积				
	3 亩及以下	38	24%	30	30%
	4—6 亩	100	64%	66	66%
	7 亩及以上	20	12%	4	4%

(二) 调查内容与调查结果

1. 饮水安全保障

(1) 29%的受访家庭获取饮用水困难

L 村 157 份有效村民问卷中，100%的问卷否认获取饮用水困难。Z 村回收 100 份有效村民问卷，75 份肯定获取饮用水困难，占 75%；25 份问卷否认获取饮用水困难，占 25%。L 村和 Z 村合计回收有效问卷 257 份，75 份肯定获取饮用水困难，占 29%；182 份否认获取饮用水困难，占 71%。见表 4—22。

表 4—22　受访家庭获取饮用水困难的问卷情况

		L 村		Z 村		两村合计
		频数	百分比	频数	百分比	百分比
C_1	你家获取饮用水是否困难					
	是	0	0	75	75%	29%
	否	157	100%	25	25%	71%

(2) 34%的受访家庭没有使用入户管道水

L 村 157 份有效村民问卷中，151 份问卷肯定使用入户管道水，占 96%；6 份问卷否认使用入户管道水，占 4%。Z 村回收 100 份有效村民问卷，19 份问卷肯定使用入户管道水，占 19%；81 份问卷否认使用入户管道水，占 81%。两村合计回收有效问卷 257 份，170 份问卷肯定使用入户管道水，占 66%；87 份否认使用入户管道水，占 34%。见表 4—23。

表4-23　受访家庭使用入户管道水问卷情况

		L村		Z村		两村合计
		频数	百分比	频数	百分比	百分比
C_2	你家是否使用入户管道水					
	是	151	96%	19	19%	66%
	否	6	4%	81	81%	34%

（3）33%的受访家庭以井水为水源

L村157份有效村民问卷中，151份问卷反映以经过自来水公司净化处理的饮用水为水源，占96%；6份问卷反映以井水为水源，占4%。Z村回收有效村民问卷100份，19份问卷反映以经过自来水公司净化处理的饮用水为水源，占19%；2份问卷反映以江河湖水为水源，占2%；79份问卷反映以井水为水源，占79%。L村和Z村合计回收有效问卷257份，170份反映以经过自来水公司净化处理的饮用水为水源，占66%；85份问卷反映以井水为水源，占33%。见表4-24。

表4-24　受访家庭以井水为水源的问卷情况

		L村		Z村		两村合计
		频数	百分比	频数	百分比	百分比
C_3	你家饮用水主要来源					
	经过自来水公司净化处理的饮用水	151	96%	19	19%	66%
	江河湖水	0	0	2	2%	
	井水	6	4%	79	79%	33%

（4）14%的家庭用水量不足

L村157份有效村民问卷中，100%的问卷肯定家庭生活用水充足。Z村回收有效村民问卷100份，65份反映生活用水充足，占65%；35份反映生活用水不充足，占35%。L村和Z村合计回收有效问卷257份，222份肯定家庭生活用水充足，占86%；35份反映生活用水不充足，占

14％。见表 4－25。

表 4－25 家庭用水量问卷情况

		L村		Z村		两村合计
		频数	百分比	频数	百分比	百分比
C₄	你家生活用水是否充足					
	是	157	100％	65	65％	86％
	否	0	0	35	35％	14％

（5）12.5％的村民否认生活用水卫生健康

L村 157 份有效村民问卷中，100％的问卷肯定家庭生活用水卫生健康。Z村回收有效村民问卷 100 份，68 份反映生活用水卫生健康，占 68％；32 份否认生活用水卫生健康，占 32％。L村和 Z村合计回收有效问卷 257 份，225 份肯定家庭生活用水卫生健康，占 87.5％；32 份反映生活用水不充足，占 12.5％。见表 4－26。

表 4－26 村民生活用水卫生健康问卷情况

		L村		Z村		两村合计
		频数	百分比	频数	百分比	百分比
C₅	你家生活用水是否卫生健康或对身体无害					
	是	157	100％	68	68％	87.5％
	否	0	0	32	32％	12.5％

2. 村庄灌排与防灾保障

（1）17.5％的问卷反映村里有水土流失和旱涝灾害

L村 157 份有效村民问卷中，100％的问卷反映村里没有经常发生水土流失或旱涝灾害。Z村回收有效村民问卷 100 份，45 份问卷反映村里经常发生水土流失或旱涝灾害，占 45％；55 份问卷反映村里没有经常发生水土流失或旱涝灾害，占 55％。L村和 Z村合计回收有效问卷 257 份，45

份问卷反映村里经常发生水土流失或旱涝灾害，占 17.5%；212 份反映村里没有经常发生水土流失或旱涝灾害，占 82.5%。见表 4—27。

表 4—27　反映村里水土流失和旱涝灾害的问卷情况

		L村		Z村		两村合计
		频数	百分比	频数	百分比	百分比
C_6	村里是否经常发生水土流失或旱涝灾害					
	是	0	0	45	45%	17.5%
	否	157	100%	55	55%	82.5%

（2）36%的问卷反映小部分农田能得到有效灌溉与排涝

L 村 157 份有效村民问卷中，27 份问卷反映村里农田能得到有效灌溉与排涝，占 17%；130 份反映大部分农田能得到有效灌溉与排涝，占 83%。Z 村回收有效村民问卷 100 份，1 份问卷反映农田能得到有效灌溉与排涝，占 1%；7 份问卷反映村里大部分农田能得到有效灌溉与排涝，占 7%；92 份问卷反映小部分农田能得到有效灌溉与排涝，占 92%。L 村和 Z 村合计回收有效问卷 257 份，28 问卷反映村里农田能得到有效灌溉与排涝，占 11%；137 份反映大部分农田能得到有效灌溉与排涝，占 53%；92 份问卷反映小部分农田能得到有效灌溉与排涝，占 36%。见表 4—28。

表 4—28　反映农田得到有效灌溉与排涝的问卷情况

		L村		Z村		两村合计
		频数	百分比	频数	百分比	百分比
C_7	村里农田能否得到有效灌溉					
	是	27	17%	1	1%	11%
	大部分农田能得到有效灌溉和排涝	130	83%	7	7%	53%
	小部分农田得到灌溉和排涝			92	92%	36%

3. 水利设施的新建与改善

（1）39％的问卷反映村里无政府新建的水利设施

L村157份有效村民问卷中，100％的问卷反映近五年有政府投资新建的水利设施落户村里。Z村回收有效村民问卷100份，1份问卷反映近五年有政府投资新建的水利设施落户村里，占1％；99份否认近五年有政府投资新建的水利设施落户村里，占99％。L村和Z村合计回收有效问卷257份，158份问卷反映近五年有政府投资新建的水利设施落户村里，占61％；99份否认近五年有政府投资新建的水利设施落户村里，占39％。见表4—29。

表4—29　反映村里政府新建的水利设施问卷的情况

	L村		Z村		两村合计
	频数	百分比	频数	百分比	百分比
C₈ 近五年是否有政府投资新建的水利设施落户村里					
是	157	100％	1	1％	61％
否	0	0	99	99％	39％

（2）39％的问卷反映近年村庄水利设施未改善

L村157份有效村民问卷中，100％的问卷反映近五年村里水利设施较以前得到改善。Z村回收有效村民问卷100份，1份问卷反映近五年村里水利设施较以前得到改善，占1％；99份否认近五年村里水利设施较以前得到改善，占99％。L村和Z村合计回收有效问卷257份，158份问卷反映近五年村里水利设施较以前得到改善，占61％；99份否认近五年村里水利设施较以前得到改善，占39％。见表4—30。

表4—30　反映近年村庄水利设施改善的问卷情况

		L村		Z村		两村合计
		频数	百分比	频数	百分比	百分比
C₉	近五年村里水利设施是否较以前得到改善					
	是	157	100％	1	1％	61％
	否	0	0	99	99％	39％

4. 村民对政府投资新建水利设施的满意度

（1）39％的问卷对政府投资兴建的水利设施不满意

L村157份有效村民问卷中，100％的问卷反映对政府近五年在村里投资兴建的水利设施满意。Z村回收有效村民问卷100份，1份问卷对政府近五年在村里投资兴建的水利设施满意，占1％；99份对政府近五年在村里投资兴建的水利设施不满意，占99％。L村和Z村合计回收有效问卷257份，158份问卷对政府近五年在村里投资兴建的水利设施满意，占61％；99份对政府近五年在村里投资兴建的水利设施不满意，占39％。见表4－31。

表4－31　对政府投资兴建的水利设施满意度的问卷情况

		L村		Z村		两村合计
		频数	百分比	频数	百分比	百分比
C_{10}	你对政府近五年投资新建水利设施是否满意					
	是	157	100％	1	1％	61％
	否	0	0	99	99％	39％

（2）33％问卷对政府投资兴建水利设施不满意另有原因

L村157份有效村民问卷中，100％的问卷没有表态。Z村回收有效村民问卷100份，1％的问卷表示对设施不配套、不能正常发挥作用不满意；3％的问卷表示对设施建设过程中存在质量问题或官员腐败行为不满意；2％的问卷表示对设施修建侵害了自身利益得不到合理赔偿不满意；9％的问卷表示设施兴建投资不公平，自己没有受益不满意；85％的问卷表示是其他原因不满意。而两村合计约33％的问卷对政府投资兴建水利设施不满意有其他原因。见表4－32。

表 4—32　对政府投资兴建水利设施不满意另有原因的问卷情况

		L村		Z村		两村合计
		频数	百分比	频数	百分比	百分比
C_{11}	你对政府在村里投资兴建的水利设施不满意的原因可能是					
	设施不配套、不能正常发挥作用	0	0	1	1%	
	设施建设过程中存在质量问题或官员腐败行为	0	0	3	3%	
	设施修建侵害了自身利益得不到合理赔偿	0	0	2	2%	
	设施兴建投资不公平，自己没有受益	0	0	9	9%	3.5%
	其他	0	0	85	85%	33%

5. 水利设施的管护与改革

（1）35%的问卷反映水利设施长期无管护

L村157份有效村民问卷中，26份问卷反映村组会组织村民管理维护水利设施，占17%；131份反映水利机构会管理维护，占83%。Z村回收有效村民问卷100份，10份问卷反映村组会组织村民管理维护水利设施，占10%；90份问卷反映村组水利设施长期得不到管理维护，占90%。L村和Z村合计回收有效问卷257份，36份问卷反映村组会组织村民管理维护水利设施，占14%；131份反映水利机构会管理维护，占51%；90份问卷反映村组水利设施长期得不到管理维护，占35%。见表4—33。

表 4—33　水利设施管护的问卷情况

		L村		Z村		两村合计
		频数	百分比	频数	百分比	百分比
C_{12}	村组里的水利设施是否能得到管理维护					
	村组会组织村民管理维护	26	17%	10	10%	14%
	水利机构会管理维护	131	83%	0	0%	51%
	长期得不到管理维护	0	0	90	90%	35%

（2）13%的问卷反映存在人为损害水利设施现象

L村157份有效村民问卷中，100%的问卷否认发现有人为损害农村水利设施的现象。Z村回收有效村民问卷100份，34份问卷发现有人为损害农村水利设施的现象，占34％；66份否认发现有人为损害农村水利设施的现象，占66％。L村和Z村合计回收有效问卷257份，34份问卷发现有人为损害农村水利设施的现象，占13％；223否认发现有人为损害农村水利设施的现象，占87％。见表4－34。

表4－34　反映人为损害水利设施现象的问卷情况

		L村		Z村		两村合计
		频数	百分比	频数	百分比	百分比
C₁₃	你是否发现有人为损害农村水利设施的现象发生					
	是	0	0	34	34％	13％
	否	157	100％	66	66％	87％

（3）97％的村民会在组织动员下参与水利建设管护

L村157份有效村民问卷中，100％的问卷反映愿意在村组或上级组织发动下参与村庄水利设施建设、管护。Z村回收有效村民问卷100份，1份问卷反映愿意以租赁方式参与村庄水利设施建设、管护，占1％；3份问卷反映愿意以承包方式参与村庄水利设施建设、管护，占3％；3份问卷反映愿意以与受益户合作方式参与村庄水利设施建设、管护，占3％；93份问卷反映愿意在村组或上级组织发动下参与村庄水利设施建设、管护，占93％。L村和Z村合计回收有效问卷257份，97％的问卷反映愿意在村组或上级组织发动下参与村庄水利设施建设、管护。见表4－35。

表4－35　村民参与水利建设管护方式的问卷情况

		L村		Z村		两村合计
		频数	百分比	频数	百分比	百分比
C₁₄	你愿意通过以下哪种方式参加村庄水利建设、管护					
	租赁	0	0	1	1％	

续表

承包	0	0	3	3％	
与受益户合作	0	0	3	3％	
在组织动员下参与	157	100％	93	93％	97％

6. 村民对水费收取的满意度

（1）62％的问卷反映村里用水收费

L村157份有效村民问卷中，100％的问卷反映村里用水收费。Z村回收有效村民问卷100份，3份问卷反映村里用水收费，占3％；97份问卷反映村里用水不收费，占97％。L村和Z村合计回收有效问卷257份，160份问卷反映村里用水收费，占62％；97份问卷反映村里用水不收费，占38％。见表4－36。

表4－36　反映村里用水收费的问卷情况

		L村		Z村		两村合计
		频数	百分比	频数	百分比	百分比
C_{15}	村里用水是否收费					
	是	157	100％	3	3％	62％
	否	0	0	97	97％	38％

（2）64％的受访村民对收缴水费满意

L村157份有效村民问卷中，100％的问卷反映对用水费用的收取满意。Z村回收有效村民问卷100份，7份问卷反映对用水费用的收取满意，占7％；其余93份问卷未表态。L村和Z村合计回收有效问卷257份，64％的问卷反映对用水费用的收取满意。见表4－37。

表 4-37 受访村民对收缴水费满意度的问卷情况

		L村		Z村		两村合计
		频数	百分比	频数	百分比	百分比
C$_{16}$	你对用水费用的收取是否满意					
	是	157	100％	7	7％	64％
	否	0	0	0	0	

7. 村庄水环境治理与改善

（1）35％的问卷反映村庄被污染

L村157份有效村民问卷中，7份问卷反映村庄被污染；150份反映村庄未被污染。Z村回收有效村民问卷100份，76份问卷反映村庄被生活污水和垃圾污染，占76％；36份问卷反映村庄被农业或养殖业污染，占36％；17份反映村庄未被污染，占17％。两村合计257份问卷，167份问卷反映村庄未被污染，占65％，35％的问卷反映村庄被污染。见表4-38。

表 4-38 反映村庄被污染的问卷情况

		L村		Z村		两村合计
		频数	百分比	频数	百分比	百分比
C$_{17}$	你是否发现村庄水、土被污染					
	被生活污水和垃圾污染	4	2.5％	76	76％	31％
	被工业污水污染	2	1.3％	0	0	0.8％
	被农业或养殖业污染	1	0.6％	36	36％	14.4％
	未被污染	150	96％	17	17％	65％

（2）37％的问卷反映村庄环境卫生未改善

L村157份有效村民问卷中，100％的问卷反映近五年村庄环保、卫生设施较以前得到改善。Z村回收有效村民问卷100份，4份问卷反映近五年村庄环保、卫生设施较以前得到改善，占4％；96份反映近五年村庄环保、卫生设施没有得到改善，占 96％。L 村和 Z 村合计回收有效问卷 257 份，161 份问卷反映近五年村庄环保、卫生设施较以前得到改善，占 63％；96 份反映近五年村庄环保、卫生设施没有得到改善，占 37％。见表 4－39。

表 4－39　反映村庄环境卫生改善的问卷情况

		L村		Z村		两村合计
		频数	百分比	频数	百分比	百分比
C_{18}	村里近五年环保、卫生设施是否较以前得到改善					
	是	157	100％	4	4％	63％
	否	0	0	96	96％	37％

（三）调查结论与政策建议

1. 两个相邻村庄小型水利发展存在显著差距

通过对两个相邻村庄（四川南部某乡镇 L 村和 Z 村）农村饮水安全保障、村庄灌排与防灾保障、水利设施的新建与改善、村民对新建水利设施的满意度、水利设施的管护与改革、村民对水费收取的满意度、村庄水环境治理与改善等七个方面的调查数据分别统计显示：两个相邻村庄小型水利发展存在天壤之别，两个村庄的居民对七个方面的调查指标及问题的回答几乎呈现出两边倒和两极化趋势，似乎有一堵无形的墙壁立在两村之间。

2. 补齐宏观数据掩盖下的民生水利"短板"需要进村入户

通过对 L 村和 Z 村农村饮水安全保障、村庄灌排保障、水利设施的新建与改善、村民对新建水利设施的满意度、水利设施的管护与改革、村民对水费收取的满意度、村庄水环境治理与改善等七个方面的调查数据合并统计显示：两个村庄的显著差距会在无形中被掩盖和遮蔽。

两个相邻村庄水利发展的显著差距，原因可能是多方面的，但是在政府主导农村小型水利建设发展的情况下，实施整村推进和进村入户、补齐村庄之间小型水利发展的"短板"是未来农村水利发展的战略选择。

3. 加大政府投入的力度是村庄水利设施改善的关键举措

L村和Z村合计回收有效问卷257份，61％的问卷反映近五年村里水利设施较以前得到改善，39％的问卷否认近五年村里水利设施较以前得到改善；61％的问卷反映近五年有政府投资新建的水利设施落户村里，39％的问卷否认近五年有政府投资新建的水利设施落户村里。调查结果显示：村庄水利设施改善与政府建设投入高度相关。由此可见，加大政府资金投入的力度是村庄水利设施改善的关键举措。

4. 实施普惠均等化水利建设是提高村民满意度的重要途径

两村合计257份问卷，33％的问卷对政府投资兴建水利设施不满意另有原因（即问卷设置选项之外的原因）。但是，结合上述有关水利设施的兴建与改善情况的调查数据，村民满意度可能与村庄水利设施是否改善和政府投资兴建水利设施是否均等有关。总之，各级政府要千方百计加大村庄水利建设投资，加快改善村庄水利设施，这是提高均等化水平和村民满意度、赢得民心的重要途径。

5. 加强组织动员是促进村民参与水利建设的有效方式

L村100％的问卷反映愿意在村组或上级组织发动下参与村庄水利设施建设、管护。Z村94％的问卷反映愿意在村组或上级组织发动下参与村庄水利设施建设、管护。两村合计98％的问卷反映愿意在村组或上级组织发动下参与村庄水利设施建设、管护。在这一点上两村调查问卷的统计数据高度契合，村民的态度和意见高度一致，再次表明：组织动员是促进群众参与农村小型水利建设与改革的有效方式。

上述来自基层干部的450份问卷，47％的问卷反映村民会以组织动员方式参与水利建设、经营或管护，也是村民认可度最高的方式。

三、基层自主性与群众参与：基于镇村干部访谈的均等化评估

课题组针对农村小型水利改革发展存在的问题与建议这一调研课题，

调查和采访了 60 位乡镇党委书记和多位村支部书记或村委会主任。他们无论是来自"小农水"建设与管护改革发展的先进村镇，还是普通村镇；无论是来自发达村镇，还是相对落后的村镇；无论是充满自信与喜悦地积极参与座谈，还是略带缺憾与困惑地接受采访，都会提到两个关键词，就是基层自主性①与群众参与的问题。我们的座谈、访谈根据记录和录音尽量保持了原貌。下面根据地域和村镇类型分五个部分阐述他们就农村小型水利改革发展所反映的问题和对策建议，从中我们试图发现，基层自主性和群众参与是如何影响各地农村小型水利改革发展均等化的。

（一）鄂东南的缺憾与期盼

农村水利设施建设发展滞后，问题确实比较突出，由于资金投入不足，影响了群众的生产生活。进村的项目很少，还有的村存在季节性（8月份以后）饮水困难的问题。2011—2012 年湖北省开展的"万名干部进万村挖万塘"活动成效有限，不是持久的。农村水利建设目前存在五种倾向和五个方面的缺失，需要有针对性地加以解决。

1. 五种倾向

第一，抓大放小。目前在基层仍然存在重视大的水利项目建设，轻视小的水利基础设施建设。近年，长江沿线堤防、水利基础设施得以加固，防洪防汛功能显现。但是，目前特别是镇、村一级的小水利基础设施项目仍然十分薄弱，由于涉及的面比较广、需要的资金量比较大，国家在这一块抓了大的、放了小的。第二，重视近的忽视远的。集镇旁边、村庄旁边的小水利，乡镇考虑的比较多，但偏远村庄的水利设施基本瘫痪，都没用

---

① 自主性是行为主体按自己意愿行事的动机、能力或特性，是一个哲学、政治学、伦理学、法学等多个学科领域都涉及的论题，不同的论域赋予了这一论题不尽相同的内涵。"行为主体"包括生物个体、群体、组织等；"按自己意愿行事"包括自由表达意志，独立做出决定，自行推动行动的进程等。参见 http://baike.baidu.com/link? url＝YgntBsbk8E1gAEUw8dAqU18Pe6MhuAKpgRL63GWX3qTK1cuFTv5JSBSCY0EjkQjLTJ5fUrbDExRK9OOf9TTt5 _ &t＝1463448778693。参见马衍明：《自主性：一个概念的哲学考察》，《长沙理工大学学报（社会科学版）》2009 年第 2 期；王诗宗、宋程成：《独立抑或自主：中国社会组织特征问题重思》，《中国社会科学》2013 年第 5 期。

了，包括提水的渠道等各方面都是原始的，淤塞严重，真正的作用发挥得不够，2015年地方根据群众的生活需要，还是搞得好了一些。第三，避难就易。重视容易的，忽视比较难的。容易的面上工程搞一下，群众急需的工程搞一下，难的、资金量大的镇也不敢搞、村也不敢搞，老百姓也不敢搞，因此，难的方面基层搞也比较头疼，就先放一放，乡镇确实没有资金。第四，重视水库蓄水工程建设，忽视泵站、灌渠配套建设。小型水库，我们乡镇有20座水库，除险加固工作基本完成，但是这个小沟渠、泵站设施能用的资金还是不够。第五，重视建设忽视协调管理。一般情况，项目的立项、招标在省里，由县水利局发包和监管，有的工程的质量也不行。然而，在协调碰到难题了就是基层的事情，规划设计、施工与乡镇、村民之间缺乏协调，包括建后的使用问题及管护都存在问题。

2."五缺"问题

第一，缺人。乡镇的水利中心有的是1个人，有的是2个人，我们镇区200多平方千米，没有技术人员管护。第二，缺技术。有的乡镇尽管人员不少，但是真正懂技术的人员很缺。正规大学生和技术型人才的级别很不够，县水利局也很缺人。第三，缺资金。乡村水利基础设施需要的资金还很多，需要大笔的资金来解决。第四，缺参与。目前，美丽乡村的各项基础设施建设，老百姓参与的积极性不高，甚至有阻挠的情况出现。如果群众不参与进来的话，会有很大的问题存在。第五，缺管护。水利基础设施建成以后没有人管理，泵站、沟渠等没人管理，过几年就坏了。村集体一般由小组长来管理，也没有报酬，负责的人管理一下，不负责的人根本不管。

3.四点建议与期盼

第一，对照现状进行改革，特别是要把乡镇人才的问题解决好。第二，对照规划建设施，解决项目质量问题，有的项目事关重大，如果质量不过关，水利是很害人的。水库建设实行终身负责制，小水利没有。第三，对照时间，不断推进。一两年要全面解决水利问题是不可能的，但是按照规划要不断推进，要加大力度。第四，对照政策，切实解决资金和群众参与的问题，乡政府有责任提高老百姓的积极性，引导群众配合项目的实施。有资金还有"导火索"，没有资金就没有"导火索"。

（二）鄂西北的改革呼声

我们乡镇农村饮水安全问题解决的都还可以，但是农村水、电、路等小型设施都存在重建轻管的问题。除此之外，农村水利设施更重要的问题是产权不明晰。

1. 产权和群众参与的问题与建议

农村小型水利设施有国家建的，有村、组集体建的，有农户建的，有联户建的。产权、所有权、管理权、经营权等不明晰。最近县水利局搞过产权调查，当时说给予一定的资金后来管理，但目前只调查没有见到资金，改革还没有实施。

水是生产生活的命脉，那不搞好是有问题。当前主要重视大江大河的治理，农村的基础水利设施建设是落伍的，就像农业科技示范推广一样，都是落伍的。我们认为，当前迫切需要解决产权不明晰的问题。首先，要明确产权、管理权、经营权是谁的。第二，解决政府主导、群众参与的问题。政府一定要拿钱出来，不要只重视建设不重视管理。我们镇每年汛期，一场大水一冲，桥、路、坝、堤都毁坏了，乡政府、村里根本没有办法，只能等着，没有钱怎么搞。让群众参与是可以的，但是让群众拿钱是万万做不到的。实施一些重点项目在征地补偿上村民能让步就不错了，工业项目按 13000 元一亩，房地产开发按 50 多万元至 100 多万元一亩。让百姓投劳投钱是不可能的，让老百姓干活的前提是政府要出钱。因此，政府一定要重视这件事，解决政府拿钱、群众参与的问题。第三，解决发展和管理相结合的问题，有的水库塘堰是可以发展产业化的，可以通过招进市场主体，走发展的道路，谁发展谁经营谁管理，建立多渠道筹资机制。同时，农村自来水、安全饮水可以通过建立水利协会、水利基础设施管护协会，让群众参与进来，明确专班专人，给予一定的薪资待遇进行管理。农村自来水户数多的，可以通过收水费、通过市场化运作来经营管理。库塘堰等公益性小型水利设施怎么管理？这就需要政府出钱。我们认为管理和建设同样重要，管理甚至更重要，不能只重建设不管理，这是错误的，"猴子掰苞谷"是不行的。

2. 惠农政策落实的问题与建议

一些好的惠农政策资金上面想得好，但是下面落实难。有的资金乡镇不敢用，不知道怎么搞，程序又复杂又麻烦，上面规定的点对点特别死，下面不知道该怎么处理。因此，上面搞项目，不能把事情拍死了，一定要给下面一定的机动性和主动权。基层干部现在面临的情况是做事情上面不信任，把我们当贼防；下面老百姓不信任，说我们没有把政策落实好。其实，没调查就不知道，基层干部是好的。但是，上面制定政策要能接地气，要走出部门利益的樊篱。比如，某个村里有一块地三百多亩，第一年搞土地整理，本来是很好的土地，要小坪撒大坪，三个坪撒一个坪，花了几百万，然后地里的生土、石头块都搞出来了，农民根本无法耕种。第二年在同一地方搞水土保持项目，那个地方好，路边上要搞样板点，要把大坪改小坪，又把熟土搞成生土，最后搞来搞去老板把钱搞走了，老百姓根本无法耕种，像这样的事情多得很，老百姓还说你瞎折腾，这是标准的"胡搞"。

农村水、电、路都缺钱，政府在资金统筹方面存在问题。乡镇在解决"三农"问题时缺钱是没有办法的，没有权力也没有话语权，做不了事。建议：第一，专项资金少一点，综合统筹的资金多一点，不要搞死。在资金问题上还是要给基层一点机动权、主动权，相信基层，基层是最有创造性的。第二，政权建设上，乡镇人权、事权、财权要对等。将来乡镇留不下人，要解决机制留人的问题，要强化基层的部门职能。"小政府大社会"，乡政府全靠一张嘴，这样不是长久之计，基层的压力太大，靠一张嘴，拖着一个脑袋，办不了事。

3. 建设和管理存在的问题与建议

2015年上半年，我们县开展了一个"千名干部进村入户"的活动，也算是去年群众路线的一个补充，县里所有干部深入百姓家里，倾听百姓的意见和建议，后来从汇总通报的问题看，百姓反映最多的是水和路的问题，具有共性。这里主要说水，从"十二五"以来，国家对农村水利设施建设这一块非常重视，重视力度空前。"十二五"期间，我们全县完成小二型的水库除险加固22座，我们镇完成了4座。就全县而言，共52万人，解决了20万人左右的安全饮水问题，我们镇解决了22000人的饮水安全问题，客观来讲还是很不错的。但是"十二五"期间的建设和管理方面还存在一些问题：第一，规划设计上脱离实际，主要表现在渠、沟、拦河坝等小型水利设施上存在这些问题；第二，质量上缺乏监管。（建设、监理、资金）机制决定了，（工程）监理（被）腐蚀了，乡镇监管不了，真空留下了。三两天监理就被老板收买了，过去群众监管有很好的经验办法，但是没有被采用。乡镇对本镇小型水利建设参与不了，根本不知道中标方、施工方、监理、工程造价是谁，但是最后要为老百姓服务，出了问题都推卸不了责任。

管理上，我感觉现在有些农村小型水利设施不但没有进步反而后退了，过去有水的河堰现在都干了，河里没有水，过去的水田现在变旱地，原因有很多，还是管理上的问题。有一个水库，五年前把水库承包给私人养鱼，水就只进不出，老百姓没水灌溉，最后老百姓通过到法院起诉才解决。

这些问题可以从以下四个方面解决：一是改革管理体制，管理体制应该以乡镇为主。以前管理点多面广，后来实行中心水管站，如我镇的水管站管4个村。一个县的副中心集镇，2008年建的水厂，到2011年还没有启用，没有启用的原因大概是有500米比较堵，没人管理，老百姓反映吃水问题。最后花4000元弄了一个减压阀解决老百姓的吃水问题。管理体制很重要，要有人管理，人、财、物要由乡镇管。二是民办公助修缮恢复，我们现在乡镇政府背后的8里堰，过去本来通水很好，后来又干了几十年，现在通过土地整理项目恢复了。现在很多水利设施如果国家给予适当的补助，老百姓还是愿意参与。三是科学规划符合实际。乡镇和村干部最有发言权，总之基层同志最了解实际情况，如果不结合实际，那么有些项目是脱离实际的。四是整合资源，监管过硬。目前建设这一块国家是有步骤地安排，但管理这一块存在很大问题，建设了不管理，造成百姓心中有怨言，都是由这些小事情积累而来的。今年是我们县里小型产权改革年，小二型水库的产权是水利局，有些堰塘的产权在村里。核心是管理问题，水利工作这一块要拿70%的精力用于管理，30%用于建设。

（三）三峡库区的经验与担忧

上面说的问题我们乡镇也有，作为基层干部，感受大同小异。我们镇是平原向岗地过渡的镇，是农业、水利大镇和柑橘大镇，农业吸纳就业创业的能力很强，老百姓一般很富有。全区有55座小一型、小二型水库，我镇占29座，占50%；水库和堰塘全区有8000座，我镇占一半，有4000座左右。同时，本镇是省财政厅、水利厅的"五小水利"建管试点镇，乡镇有水利基金几个亿。我们是采取折中的办法，在妥协、裹挟中把事情做下去，有很多酸甜苦辣。

涉及水的问题主要有三个层面：一是生活用水，就是农村安全饮水，今年实施的是2014年度和2015年度的计划，将覆盖17000人，2015年实现农村安全饮水全覆盖，有9个村正在做，占全镇30%。农村安全饮水在"十三五"期间标准要提档升级，过去标准太低。早年主要是通过修建"天河水窖"来解决村民饮水问题。目前还存在极少数地方饮水困难，极少数地方还需要消防车拉水。按照要求，我理解，争取先让老百姓喝上自来水，是否干净安全还不敢说。安全饮水项目资金主要分三块：国家资金只占总项目资金的36%—40%，2014年度是人均500元，2015年的标准是人均730—750元，标准很低，需要提高；"毛细血管"那一块每户要筹资2000元；余缺资金我们采取由村镇兜底的办法。由于项目建设存在赶时间和进度的问题，建设过程中不可避免存在这样那样的问题，我的态度是，问题再多，先把事情做好，把惠民政策先落实到千家万户，后面再慢慢解决。

二是生产用水，一方面农村的"五小水利"基础设施破损比较严重，我们那边的整个区"五小水利"建设的情况还是比较好的，2005年之前就在全省出经验的。2014年搞了一个"五小水利"建管改革试点，相当于半奖励、半探索，就是省里一个村给 200 万，你去做。2015 年省里又给区里 1000 万元，在五个村试点，我们镇又有三个村纳入这次改革试点。过去有一些水利项目在申报、实施招投标和建管过程中有上下脱节的情况，由于财政投入补贴资金标准很低，很难把事情做下来，甚至存在很难弄就再把资金退回去的情况，因为这种项目资金是差额的、补贴性的，这些问题省厅也看到了。这几年，我们之所以做得还不错是因为区、镇财政收入和村集体经济发展还不错，单纯靠国家项目资金是做不下去的，还需要区、镇、村三级给予一定的补贴，能提供配套资金，才能把国家惠农资金落到实处。我们通过试点，感觉这种方式还是挺好的，我将其总结为"民建、民管、民受益"。建设主体以村为主，老百姓开会公示，200 万来了，三个月你做完，做了什么事，老百姓自己说了算，开群众会、开中心户会，老百姓自己申报。在堰塘确权的前提下，村里的项目全部由村里和农户自己做主，乡镇负责引导和全程监管。村里负责跟农户核算具体的小农水项目，以塘堰为例，一口塘堰需要整治资金 3 万元，试点资金大概可以补贴 14000 元，如果这个塘堰已经确权到户，这钱就可以一卡通直接打到农户的户头上，以奖代补。这么好的政策，政府不投、农户也要自己投，而且 20 个村只有一个村有试点项目资金，农户肯定会加大投入争取资金。这种模式让老百姓自己申报，自己参与，实行以奖代补，把事情交给老百姓，民建、民管、民受益。村为主，村开会公示，镇全程监管，把事交给老百姓，激发了他们的积极性，也调动了村干部的积极性，把资金给他们，让他们具有一定的主动权，把效益发挥到最大。所有沟渠和堰塘与农户直接相关的都是补贴性质的，政府资金就是激发民意的。根据测算，政府一元钱的投入可以撬动农户五元的投入。我们镇是岗地，种柑橘需要水利设施，也是一个农业大镇，每户可以收益 5 万—12 万元，老百姓比较富有。因此，效率可以发挥到最大。本镇农户主要种植了 135000 亩柑橘，需要积极抗旱，我们建了小型水利设施，也确权到农户手里。同时，我们正在探索，根据需要乡镇将对小一、小二型水库进行管护、经营。原本想成立一个管理公司来专门管理。把水管好，发挥效益，还需要给基层和群众一些管理和养护资金补贴分配的自主权，补贴到哪里、资金给谁要根据实际情况，要根据村镇、农户，包括协会职能的实际履行给予补贴。

三是生态治水，需要加大力度。青山依旧在，绿水不复流。山是青的，水的情况很糟糕，河流污染情况严重，污染超乎想象。我们镇是生猪大镇，年出栏 35 万头，还有工业园区。现在水脏了，也没有鱼了，河流跨界污染严重，上下游县市区常常因为这个问题打架。污染治理项目资金现在是联合申报，但是还是没有下来。现在堰塘的水也是不好管，投肥养殖面源污染很严重。执法要现场执法，很难。省水污染治理要执法，按规定小一型水库的产权是镇政府的，但一些水库由于以前的改革把养殖经营权利拍卖出去了，现在想要收回来还很难，正在打官司，很麻烦。我们的生态水效益短期化，长期富营养化了。今年我们集镇建立了污水处理厂，资金来源国债贷款项目，但还没有覆盖到村。周边其他几个镇也建立了污水处理厂。但是，建污水处理厂要求雨污分流，而乡镇比较分散，不可能实现污水管分流，雨污分流很难。乡镇污水处理厂运行也会存在很大困难，有的处于试运营阶段，有的在建。这方面乡镇与城市有差别，但有比没有好。

以上三个方面都涉及国家层面的投入。当前，我们乡镇水利中心纳入公务员体制，体制理顺了。而以前改革只在基层村、镇，不往上走，改革是不彻底的。

（四）江汉平原的困惑

1. 洪湖也要抗旱

我们镇濒临洪湖，是工业园、养殖、旅游开发三分天下的一个镇。地形、养殖类型决定，洪湖是淡水第一县，前期水利基础设施建设方面，由于省级试验区的建立、国土整治等项目的实施，把一些主要的沟渠、湖泊基本上整治到位。涉及老百姓"最后一千米"和"毛细血管"的工程还很薄弱，农村采取"一事一议"，筹集资金，以前没有这样做过，这个问题还是比较突出，在投入方面也存在不足。

我们也是一个城郊镇，这几年在建设的过程中也存在一些问题。一是工程质量的坚固问题，二是规划建设设计不合理的问题，三是一些标准不是很高，直接影响了效益的发挥。例如：2010 年洪湖地区是涝灾，历史上是个"水袋子"，由于历史原因和 1998 年长江洪水的威胁，工程的设计都是以排为主，当时没有设计灌溉。2011 年又是旱灾，洪湖干了底，最终靠天帮忙。这说明，现在的水利设计理念必须改变，洪湖也要抗旱！一个时期的规划设计要根据实际情况调整，要充分征求基层意见，要与群众面对面，多听基层声音，确保水利工程功能的充分发挥。政府相关部门要突破部门利益的樊篱和掣肘。

2. 建设与管理的困惑

我们乡镇既是"水袋子"，又是"旱包子"。既要建设灌溉区，又要建设排水区，抽水、提水、灌水、排水都要考虑。我觉得乡镇水利建设要重视以下问题：

第一，建设与管理要并重。长期以来，小农水管理是空的，基本上国家、地方政府和农民三不管，国家没有管护资金，建后管护非常滞后。近年，就建设投入而言，由于本地的特殊原因，国家和省对我们投入还比较大，但是一度存在的问题是当时建设的时候一些工程设施建得很好看、很漂亮，可以说是发生了翻天覆地的变化，老百姓都说党的政策好，但是真正使用起来有很多问题，不能真正发挥功能效益。我们通过建设后发现，管理不跟上，建也是白建。由于农村小水利项目资金来源于不同的部门，建设管理体制关系没有理顺，存在各自为政的现象。例如：土地整理只管田、管路、管泵站、管沟渠，但是只见泵站不管电，不配套，功能无法发挥，干群矛盾下压到了乡镇。第二，工程建设要让基层和老百姓当家。政策怎样落地生根？以前工程建设招投标全部在上级政府搞，关系户很多，存在权力垄断，现在已经部分解决了这方面的问题，目前基层已经有了一定自主权，省里在本地进行试点，对沟渠进行维修和管护，省财政厅每年给一个村 1 万包干。据测算，还缺口 4 万。第三，机制还不强。现在有政策了，老百姓就完全不管了，以前管的也不管了，认为都是政府的事，这也是现在的一个困惑。

因此，针对这些问题给出建议：一是明确主体，建立长效机制；建立监督考核机制；建立以奖代补的机制。二是要因地制宜，创新管护模式，建立水管站和水利协会的配合管理的模式，鼓励自建自保，支持共同管理，大型泵站要由专业人员进行管护，推行外包管理。三是拓宽渠道，争取中央、省市的支持范围的扩大，管护要全覆盖；镇、村要安排一定的资金，管护经费要纳入年度预算；提高灌溉收费价格水平；规范操作，摸清底数，真正把惠民工程做实做好，落地生根。

关于生态治水问题，也就是工业污水、生活污水、养殖污水等的治理。有的地方污水处理厂建了以后成了"晒太阳"工程。我们乡镇的污水处理厂还正在建设。国家主要是针对生活污水处理，工业污水要求企业自己将污水处理到三级后才能以生活污水的标准进行处理。现在有的乡镇自来水仍有的是浑浊不清的。

（五）"邻村"的差距

1. 新农村水利

L村的地理形态属于低丘陵，目前已被规划为食品工业园区和新农村建设的典型。全村人口共 1924 人，村民小组共 10 个，508 户，外出务工的约 600 人。耕地人均 1.2 亩，其中水田人均 0.8 亩。主要粮食作物是水稻（政府按照种植田亩数给予每家每户一定量的谷种补贴），主要经济作物有高粱、青菜、油菜（政府每年按照人口数给予每家每户一定的化肥、农药、种子补贴）。

村里已经实现了入户管道自来水，有集中式饮用水源和供水机构，主要是与镇自来水站合作供应，水价 2 元每立方。村民们具有很强的节水意识。截至 2015 年 7 月，该村的水利设施，即"五小水利"共有 78 处，其中提灌站（小泵站）2 个，蓄水池（小水池）67 个，山坪塘 8 个，沙塘丘水库 1 个。村社会经济发展情况良好，人均收入 10000 元/年。政府对水利投入约 5.5 万元/年。村未出现过水土流失和洪涝灾害等情况。村主任建议：希望加大基础设施和环保方面的资金投入，让环保更上一层台阶。

2. 干渴的小山村

Z村与L村是邻村，村庄地理形态属于半丘陵，目前政府未做任何规划。全村总人口1402人，村民小组共14个，382户，外出务工人员约700人。村社会经济发展较为落后，人均实际收入只有2800元/年，政府上报人均8000元/年，与实际情况不符合。人均耕地1.2亩，其中水田人均0.5亩。主要种植作物有水稻、玉米、油菜、樟树、花生。

截至2015年7月，村还没有相应的供水机构，村民每家或几家联合共用一口水井，地理条件不好的家庭只能喝河水或田水，村民的饮水安全得不到保障。村里尚未新建"五小水利"设施，曾有山坪塘1处、石河堰1处，后因乡政府不拨款、常年失修而被毁。该村因地势较高，主要存在旱灾。环境卫生治理方面，政府划拨资金200元/年。村里主职干部（书记、主任）希望：政府拨款资助修缮水利工程；被纳入规划区；村民小组和群众要积极配合，受益者也要配合。

3. 实际的差距

（1）"规划"的差距

政府因地制宜对每个村进行规划发展。L村被划为食品工业园区，是新农村建设的代表村；Z村未被规划，现处于政府无暇顾及的状态。

（2）"面子"与"里子"

L村作为新农村建设的代表，位于城际公路边缘，与行政区边界相连且经济发展一直名列前茅，政府财政投入多；虽然是邻村，但Z村不具有这样的相对优势且经济一直排名靠后，政府财政投入少。

（3）村民参与

村民配合支持度不同。据了解，L村村民对政府在本村实施的各项公共基础设施工程都积极支持，主动配合。而Z村村民对公共基础设施建设常陷于各种赔偿纠纷，配合与支持度不高。

附　录

附录1　宜都市受益户共有
制产权制度改革参考样本

塘堰所有权属
证　　书

＊＊县（市、区）人民政府制

证书编号：＊＊县（市）水　证字（　　）第　号

　　为明确塘堰的所有权，根据《中华人民共和国水法》《国务院办公厅转发国务院体改办关于水利工程管理体制改革实施意见的通知》《国务院办公厅转发发展改革委等部门关于建立农田水利建设新机制意见的通知》和《湖北省水利工程管理体制改革实施方案》精神，经乡（镇）人民政府、街道办事处登记审查、市人民政府批准，确认权利人依法取得塘堰所有权，特发此证。

（有效期四年）

县（市、区）水行政主管部门（盖章）
乡（镇、街办）人民政府（盖章）

办证日期：二〇一二年　　月　　日

堰塘名称		权属性质	
工程所在地址		乡镇（办事处）　村　　组	
权利人或代理人姓名		权利人户数	户

工程四周邻界线

东		南	
西		北	

堰堤外脚长度	m	堤身高度	m
堤顶长×宽	× m	溢流口尺寸	m
剅闸尺寸	m	水面面积	亩
容水量	m³	堰塘占地面积	亩
灌溉面积	亩	堤外禁脚宽	m
有效期限	自　　年　月　日起至　　年　月　日止		
其他附属物			

权利人的饮水、灌溉受益面积及本工程所占份额

户主姓名	面积（亩）	份额％	户主姓名	面积（亩）	份额％

权利人户数超过本表栏数，可加附页（饮水居民不宜超过 1000m）

塘堰水利工程四周范围图

（标明工程四周邻界明显固定性标志）

（标明工程四周邻界明显固定性标志）

变 更 登 记

批准机关（印）

经办人：　　　　负责人：

年　月　日　　　　年　月　日

须　知

1. 本证系塘堰水利设施权属凭证。

2. 本证正本一份，副本份数按受益户户数复制。

3. 本证正本由本工程权属代理人保存，其他受益户保存副本。

4. 本工程权属发生变更时，须持正本及所有副本到发证机关办理变更登记手续。

5. 持证人不得涂改本证的记载内容。

附录 2　襄阳市合同制管护模式参考样本

襄阳市＊＊县（市、区）＊＊乡（镇）＊＊村
＊＊＊＊堰塘承包合同
（参考样本）

甲方：＿＿＿＿＿＿＿＿＿＿（堰塘的所有者当地村委会或受益户代表）

乙方：＿＿＿＿＿＿＿＿＿＿（堰塘承包、租赁方）

为切实做好堰塘的蓄水、保水和用水工作，保证灌溉需要以及堰塘的良性运行，经堰塘灌溉受益户与乙方反复商议，并经甲方同意，现签订如下合同，供双方共同遵守。

一、承包、租赁堰塘的地点和面积

甲方将位于＿＿＿＿＿＿村＿＿＿组的＿＿＿＿＿＿＿＿灌溉堰塘（面积为＿＿＿＿＿亩，灌溉面积为＿＿＿＿＿亩），在保证全体受益户灌溉用水的前提下承包、租赁给乙方。乙方在承包、租赁期间，通过向甲方交纳承包费，获取＿＿＿＿＿＿＿＿收入，同时负责堰塘的蓄水、保水、放水及堰塘的维修、养护、清淤等工作。甲方获得的承包、租赁费收入主要用于下游农田渠道的维护、疏浚等支出。

二、承包、租赁时间、承包费、交费时间及方式

1. 承包、租赁期限为＿＿＿年，从＿＿＿＿年＿＿＿月＿＿＿日起至＿＿＿＿年＿＿＿月＿＿＿日止。（不超过村委会任期时限）

2. 承包、租赁费为每年＿＿＿元，大写＿＿＿＿＿＿＿，共计＿＿＿＿＿＿

元，大写_____。

3. 交款时间：_____年____月____日。

4. 交费方式_____。

三、甲方的权利和义务

1. 甲方享有堰塘的用水权和工程的所有权，甲方及受益户代表有权强制乙方在受益户灌溉期间满足堰塘控制的受益户农田灌溉用水需要。

2. 甲方有权制止乙方在承包的堰塘内进行化肥养鱼等违法活动，并协助有关部门对违法者给予处罚的义务。

3. 在承包期内因用水问题发生纠纷，甲方有权与乙方进行协调处理。

4. 甲方向乙方提供_____，供乙方使用，甲、乙双方约定的丢失、损坏赔偿方式为_____。

5. 甲方有权制止乙方在放水口内填塞玻璃和易碎物品，禁止乙方堵死水源，并制定放水用水管理方式为_____。

6. 甲方有监督乙方执行合同规定的义务。

7. 若乙方违反合同的有关规定，甲方有权将承包给乙方的堰塘收回，由此造成的经济损失一概由乙方负责。

8. 若因国家政策需要或政府有新的规定，甲方有权随时终止合同，由此带来的损失由甲、乙双方协商解决。

9. 其他：_____。

四、乙方的权利和义务

1. 乙方有权在经营活动范围内从事生产经营活动，同时承担堰塘的防汛抗旱、保水、蓄水、放水义务。

2. 乙方的经营活动必须无条件地服从农业灌溉用水，且不得从事化肥养鱼等污染水体的活动。

3. 在承包、租赁期内，乙方对所承包的堰塘设施承担维修管护的职责是_____。

4. 在承包、租赁期限内，若遇村民任意放水、浪费水，乙方有权予以制止，并经甲、乙双方约定处理意见为_____。

5. 乙方在承包、租赁期内，非灌溉放水必须经甲方同意。

6. 乙方对所承包、租赁的堰塘内发现的炸鱼、毒鱼，偷、捕、抢和钓鱼等违法行为，有权进行阻止，并配合有关部门进行处理。

7. 其他：_____。

五、违约责任

1. 甲方无故中止合同，应向乙方付违约金_____元（大写：_____），并赔偿_____等经济损失。

2. 乙方无故中止合同，应向甲方付违约金_____元（大写：_____），并赔偿_____等经济损失。

六、其他

1. 合同中如有未尽事宜，须经甲、乙双方共同协商，签订补充合同规定，补充规定条款与本合同具有同等效力。

2. 合同期满，甲、乙若愿意继续承包、租赁，在同等条件下乙方有优先承包、租赁的权利。

3. 本合同自双方签字之日起生效。

4. 本合同一式四份，由甲、乙双方各执一份，受益户代表一份，村委会存档一份。

甲方签字（盖章）　　　　　　　　年　　月　　日

乙方签字（盖章）　　　　　　　　年　　月　　日

受益户代表签字：　　　　　　　　年　　月　　日

附录3 荆门市塘堰工程建设管理使用办法

第一条 为了确保塘堰工程设施有效运行，长期发挥效益，巩固"三万"活动成果，结合荆门实际，特制订本办法。

第二条 塘堰工程是指用来积蓄附近的雨水和泉水，灌溉农田的一种小型蓄水工程。其管护是指工程实施竣工验收后的运行管理和维修服务工作。

第三条 塘堰工程管护遵循"谁受益，谁负担""以工程养工程"的原则，实行专业管护和群众管护相结合，动员社会力量共同做好管护工作。

第四条 凡荆门市行政区域内的塘堰工程均适用本办法。

第五条 各县市区要加强对塘堰工程建后管护工作的组织领导，做到组织有力，制度健全，操作性强，管护有效。同时，采取多种形式向广大群众进行宣传教育，增强群众管护意识，共同做好管护工作。

第六条 各级水务部门要当好参谋，加强塘堰建管工作指导和检查督促。

第七条 我市塘堰工程建后管用推行以下"四型四制"：

（一）自建自管自用型、实行责任制是指单户农民自己投资投劳修建的塘堰，自己管理，自己受益的类型。采取由村委会与受益农户签订责任书，明确受益农户承担工程岁修、水源保护、建筑物管护、防洪排涝等责任。每年由村委会组织进行一次综合评议。

（二）自建自管共用型、实行合同制是指个人投资投劳修建的塘堰，在保证农田灌溉的同时，兼顾养殖业。在村委会的主持协调下，由建设方和受益方共同协商制定管护制度，签订合同，明确建设方承担工程岁修、水源保护、建筑物管护、防洪排涝等责任。合同上要注明是在确保灌溉情况下兼顾养殖。合同书宜通过司法公证。

（三）共建共管共用型、实行协会制是指多个受益农户共同投资投劳修建共同受益的塘堰。采取在村委会的指导下，由受益农户成立塘堰管用协会，并制定相应的建管章程，由协会统一管护、统一放水、统一收取水费。

（四）公建公管共用型、实行股份制是指各级财政、企业、驻村工作队、外界捐助等投资为主修建的容量大、灌溉面积较大的塘堰，其所有权属村委会。在管理、使用、收益上实行股份制，按村委会集体占60％左右，受益农户和承包管理人占40％左右的股份。经民主协商后，制定具体塘堰运行管理办法，签订管护合同。其运行费用和收益（水费收益及其他多种经营收益）按股份份额承担和分配。

第八条　不得随意改变塘堰用途，水源服从集体调剂配置，用于灌溉。自觉保护水资源。

第九条　与塘堰相连的农田排灌沟渠也属塘堰管护范围，要及时维护清淤，做到旱能灌、涝能排，排灌通畅。

第十条　为了落实本办法，要以村为单位对本辖区的塘堰进行全面清查登记，建立台账。按照塘堰建后管用的"四型四制"的要求进行分类，建立管用责任制。签订责任书，由各乡镇备案监管，确保管护责任落到实处。

第十一条　本办法自发布之日起实施。

参考文献

编委会：《水利系统优秀调研报告》（第十一辑），中国水利水电出版社 2012 年版。

编委会：《水利系统优秀调研报告》（第十二辑），中国水利水电出版社 2014 年版。

编委会：《水利系统优秀调研报告》（第十三辑），中国水利水电出版社 2014 年版。

陈昌盛、蔡跃洲：《中国政府公共服务：体制变迁与地区综合评估》，中国社会科学出版社 2007 年版。

陈庆云主编：《公共政策分析》，北京大学出版社 2006 年版。

陈小江等主编：《2009 中国水利发展报告》，中国水利水电出版社 2009 年版。

陈小江等主编：《2010 中国水利发展报告》，中国水利水电出版社 2010 年版。

国务院第二次全国经济普查领导小组办公室、中华人民共和国水利发展研究中心：《中国水利行业发展研究报告》，中国统计出版社 2012 年版。

国务院第二次全国农业普查领导小组办公室、中华人民共和国国家统计局：《中国第二次全国农业普查资料综合提要》，中国统计出版社 2008 年版。

贺雪峰、罗兴佐等：《中国农田水利调查——以沙洋县为例》，山东人民出版社 2012 年版。

湖北省第二次农业普查领导小组办公室、湖北省统计局编：《湖北省第二次农业普查资料汇编（农民卷）下册》，2010 年版。

黄宗智：《华北的小农经济与社会变迁》，中华书局 2000 年版。

柯高峰：《美丽水乡：洱海治理政策分析——多重约束下的绩效与变迁》，中国社会科学出版社 2014 年版。

李国英等主编：《2011 中国水利发展报告》，中国水利水电出版社 2011 年版。

李国英等主编：《2012 中国水利发展报告》，中国水利水电出版社 2012 年版。

李国英等主编：《2013 中国水利发展报告》，中国水利水电出版社 2013 年版。

李国英等主编：《2014 中国水利发展报告》，中国水利水电出版社 2014 年版。

李国英等主编：《2015 中国水利发展报告》，中国水利水电出版社 2015 年版。

刘谟炎：《农民长久合作——万载鲤陂水利协会研究》，中国农业出版社 2010 年版。

刘志昌：《中国基本公共服务均等化的变迁与逻辑》，中国社会科学出版社 2014 年版。

林祖华：《造福民生：中国共产党的追求与经验》，社会科学文献出版社 2012 年版。

卢洪友等：《中国基本公共服务均等化进程报告》，人民出版社 2012 年版。

罗兴佐：《水利，农业的命脉——农田水利与乡村治理》，学林出版社 2012 年版。

倪文进、马超德等：《中国农村饮水安全工程管理实践与探索》，中国水利水电出版社 2010 年版。

人民日报评论部：《"四个全面"学习读本》，人民出版社 2015 年版。

宋国君等：《环境政策分析》，化学工业出版社 2008 年版。

水利部办公厅、水利部发展研究中心：《水利改革发展 30 年回顾与展望》，中国水利水电出版社 2010 年版。

王冠军、刘小勇等：《小型农田水利工程产权制度改革的理论与实践》，中国水利水电出版社 2015 年版。

夏训峰、王明新、席北斗：《农村水污染控制技术与政策评估》，中国环境出版社 2013 年版。

谢明：《公共政策导论》，中国人民大学出版社 2004 年版。

徐勇：《中国农村研究 2005 年卷》，中国社会科学出版社 2007 年版。

余爱民：《迎接小型农田水利建设的春天——湖北农田水利建设调查报告》，载《谋道前行——新世纪优秀调研文集》，湖北人民出版社 2011 年版。

张宁：《小型水利工程农户参与式管理模式及效率研究》，中国社会科学出版社 2009 年版。

周建国：《公共视域中的水治理》，南京大学出版社 2012 年版。

中华人民共和国水利部编：《中国水利统计年鉴（2013 年）》，中国水利水电出版社 2013 年版。

［德］托马斯·海贝勒、［德］舒耕德、杨雪冬：《主动的地方政治：作为战略群体的县乡干部》，中央编译局出版社 2013 年版。

［法］OECD 编：《环境绩效评估：中国》，曹东、曹颖、於方、赵越、潘文、张战胜利等译，中国环境科学出版社 2007 年版。

［加］迈克尔·豪利特、M. 拉米什：《公共政策研究：政策循环与政策子系统》，庞诗等译，生活·读书·新知三联书店 2006 年版。

［美］埃莉诺·奥斯特罗姆等合著：《规则、博弈与公共池塘资源》，王巧玲、任睿译，毛寿龙审校，陕西人民出版社 2011 年版。

［美］保罗·R. 伯特尼、罗伯特·N. 斯蒂文斯：《环境保护的公共政策》，穆贤清、方志伟译，上海三联书店、上海人民出版社 2004 年版。

［美］杜赞奇：《文化、权利与国家——1900—1942 年的华北农村》，

江苏人民出版社 1996 年版。

［美］罗伯特·K. 殷：《案例研究方法的应用》，周海涛等译，重庆出版社 2004 年版。

［美］威廉·N. 邓恩：《公共政策分析导论》，谢明译，中国人民大学出版社 2002 年版。

库尔苏姆·艾哈迈德、埃内斯托·桑切斯·特利亚纳主编：《政策战略环境评价：达致良好管治的工具》，林健枝、徐鹤、陈永勤、吴婧等译，中国环境科学出版社 2009 年版。

陈菁、朱克成等：《农村水利管理模式理论研究》，《河海大学学报（自然科学版）》2004 年 2 月。

程又中：《国外农村基本公共服务范围及财政分摊机制》，《华中师范大学学报（人文社会科学版）》2008 年 1 月。

冯广志：《小型农村水利改革的思路》，《中国农村水利水电》2001 年 8 月。

郭宏江：《小农水　大成效——小型农田水利重点县建设综述》，《中国农村水利水电》专辑 2015 年 12 月。

韩振中、鲁少华：《农村水利现代化发展思路与评价指标》，《灌溉排水学报》2012 年 2 月。

贺雪峰、郭亮：《农田水利的利益主体及其成本收益分析——以湖北省沙洋县农田水利调查为基础》，《管理世界》2010 年 7 月。

胡畔、谢晖、王兴平：《乡村基本公共服务设施均等化内涵与方法——以南京市江宁区江宁街道为例》，《城市规划》2010 年第 7 期。

李晶、钟玉秀等：《我国基层水利改革与发展调研报告》，《水利发展研究》2009 年第 7 期。

罗强、吴红良等：《我国农村水利现代化的发展规律初探》，《灌溉排水学报》2011 年 10 月。

宋国君、冯时等：《中国农村水环境管理体制建设》，《环境保护》2009 年第 9 期。

苏明、刘军民：《如何推进环境基本公共服务均等化?》，《环境经济》2012年5月。

孙新华：《治理性干旱：大旱折射出的水利困境及其反思》，《水利发展研究》2011年11月。

水利部农村水利司、中国灌溉排水发展中心：《农村水利改革30年回顾与展望》2008年7月。

王绍光：《中国公共政策议程的设置模式》，《中国社会科学》2006年第5期。

王肖惠、杨海娟、王龙升：《陕西省农村基本公共服务设施均等化空间差异分析》，《地域研究与开发》2013年2月。

邢成举：《乡村水利困境突显基层党组织建设软肋》，《水利发展研究》2010年6月。

徐娜、高明：《我国农村水利建设公私合作模式探讨》，《华中农业大学学报（社会科学版）》2011年6月。

杨德瑞、姜南、马超：《关于推进民生水利深入发展的思考和建议》，《中国水利》2014年2月。

张陆彪：《从评估结果看项目对贫困人口生计的影响》，《中国水利》2009年21期。

张玉欣等：《我国农村饮水工程现状分析》，《中国水利》2013年7月。

折晓叶、陈婴婴：《项目制的分级运作机制和治理逻辑——对"项目进村"案例的社会学分析》，《中国社会科学》2011年7月。

周仁标：《论地方政府政策执行的困境与路径优化》，《政治学研究》2014年第3期。

曾红颖：《我国基本公共服务均等化标准体系及转移支付效果评价》，《经济研究》2012年第6期。

陈雷：《十二五促进水利基本公共服务均等化》，《人民日报》2010年12月30日。

程国银、王煌、杨振华、廖兆瑞：《小型农田水利工程管护机制改革如何推进》，《中国水利报》2014 年 1 月 1 日。

柯高峰：《建设美丽中国是民生新理念》，《湖北日报》2014 年 8 月 23 日。

国研中心"完善小型农田水利建设和管理机制研究"课题组：《国外小型农田水利建设如何筹钱》，2011 年 7 月 22 日，见 http：//www. sina. com. cn。

Roy W. Bahl，Johannes F. Linn，"Fiscal Decentralization and Intergovernmental Tranfer in less Developed Coutries"，*The Journal of Federalim*，24 (1)，Winte，1995.

Punam Parikh，Michael A. Taylor ，etc. ， "Application of Market Mechanisms and Incentives to Reduce Stormwater Runoff"，*Environmental Science & Policy*，8，2005 .

Eduardo S. Brondizio，Elinor Ostrom，Oran R. Young， "Connectivity and the Governance of Multilevel Social－Ecological Systems：The Role of Social Capital"，*Annual Review of Environment and Resources*，Vol. 34，2009.

Elinor Ostrom， "Frameworks and Theories of Environmental Change"，*Global Environmental Change*，8，2008.

后 记

　　本研究报告作为国家社科基金青年项目最终成果，在此，我要特别向全国哲学社会科学办公室和湖北省哲学社会科学办公室的有关负责同志，特别是全国五位匿名评审专家致以崇高的敬意和感谢！

　　该成果的突出特色、主要建树及其价值和不足之处体现在哪些方面？莫过于五位匿名评审专家认真而中肯的鉴定意见。在五位专家一致通过该项目评审结题和愿意公开鉴定意见的情况下，更令人欣慰的是全国哲学社会科学办公室的同志已经将各位评审专家的鉴定意见复印予我，使我有了进一步学习提高的机会，这一点非常难能可贵。

　　专家们肯定性的鉴定意见主要有四点：一是认为"该成果具有较强的创新性，选题及其研究视角和研究思路新颖，具有学术的前沿性、创新性和启发性，对于改革完善农村小型水利政策、实现农村的可持续发展具有较大的理论意义和实践价值"。二是认为"该成果的突出特色和主要建树是问题意识明确，逻辑结构清晰，既注重宏观比较和个案分析，又尝试构建新的分析评估框架，使得整个研究呈现出系统性、完整性的特点"。三是认为"本项研究方法得当、数据资料翔实、引文规范，坚持规范研究与实证研究相互结合的研究进路。成果基于收集的详细文献资料和第一线实证调研采集的数据进行定量分析和比较研究。文、图、表并茂，思路清晰，研究较为系统，所得的结论以事实说话，增强了研究成果的科学性和说服力"。四是认为"通过研究提出了一些原创性的观点和具有较强针对性与可行性的政策建议。原创性的观点，如政策与改革容易形成'洼地'现象在农村小型水利改革与发展过程中也普遍存在；农村人水关系的系统性与政策'碎片化'的矛盾长期存在等。原创性政策建议，如构建农村小型水利政策改革发展均等化的监测指标体系和责任体系；组织农户参与、激发农村内在的改革动力等"。

专家们也指出了该成果存在的不足和有待完善之处，主要有三点：一是认为"该成果对该论题的相关研究掌握不够全面，文献梳理有待加强"；二是认为"实地调查的问卷抽样方法和访谈资料的呈现还可以进一步完善"；三是认为"综合评价指标体系的构建缺乏公共财政（政策）领域的理论考察"。

收悉专家鉴定意见的日子里，我字斟句酌地学习和琢磨了每一份鉴定意见，并阅读了该领域相关的最新文献，深感受益匪浅，更加明确了该领域拓展和深入研究的切入点与前沿方向，非常希望能按各位评审专家的意见潜心完善并提升该项成果，以致能献给读者一部更加严谨而有价值的作品。遗憾的是由于我个人能力有限，还存在几分畏难情绪和懒惰，也考虑到原来的架构"一动百移"，因此，真正动笔修改的地方并不多，难免仍然存在诸多不足和不妥之处，对该项成果的补缺和进一步完善也只好留待日后的跟踪研究了。在此，恳请读者朋友批评指正，并不吝赐教！

尽管最终成果缺憾尚存，但是我想说的是从申报立项到完成这一国家社会科学基金项目，直至送审结题和准备出版的整个过程，对于独立开启学术研究征程的"青椒"而言，弥足珍贵。

在这个过程中，我始终在思考我们为什么要实现均等化的政策目标。作为一项政治与公共政策领域的课题，我认为回答这个问题事关本项研究的立论基础，为此，我花了大量时间查阅了改革开放以来中共中央、全国人民代表大会和国务院等有关顶层元政策及文献，希望从中找到我国基本公共服务均等化决策的理论依据、实践依据、历史过程及变迁动力，分析的重点在于发现这些理论依据、实践依据的内在联系和历史过程的不可分割性及其必然性。通过分析主要得出四点认识：一是均等化战略是我国公共服务改革的理论与实践共识；二是均等化战略是我国全面建成小康社会的战略举措；三是均等化战略是贯彻落实中国共产党党章党纲的必然要求；四是均等化战略是贯彻落实我国依宪治国的必然要求。

在这个过程中，当习近平总书记适时提出并深刻论述了"精准扶贫、精准施策"的理念和方法之后，我感到如释重负。我深深感受到要解决和评估农村小型水利服务均等化问题，必须有准确而规范统一的数据资料作支撑，监测评估才能精准；我也深深感受到国家和省级行政区层面的宏观数据是如何掩盖和遮蔽微观村庄之间的差距的。现有研究表明，相对于国家和省级层面，县乡村层面的均等化水平渐次降低，但是相关具有可比性和科学性的统一数据更难获取。就全国而言，究竟哪些县、哪些乡镇、哪些村庄是"短板"或存在"短板"？或者说，究竟是资金、人才的"短板"，还是体制机制甚至改革本身形成了"短板"？我们能否首先做到精准监测和评估？此外，在国家惠农治水资金日益增多，农村水利环境设施普遍不断改善的情况下，为什么农民仍然不满意呢？尽管本项成果在试图回答这方面的问题时作出了应有的努力和贡献，但时至如今，仍然疑问重重，理论的构建显然还缺乏更深厚的奠基之作。

在这个过程中，全国第三次农业普查工作全面开展，希望最终统计结果能全面公开，特别是县（市）、乡（镇）和村级行政区层面的数据也能公开，这对于推进相关领域的精准研究将非常有意义。

在这个过程中，近两年来我国发生的洪涝灾害造成了不少中、小河流溃堤，也再次给我们敲响了补齐水利短板的"警钟"。欣喜的是，党的十八大以来，"五位一体"的总体布局和"四个全面"的战略布局得到贯彻落实，创新、协调、绿色、开放、共享的新发展理念和全面推行河长制越来越成为全社会的共识，水资源环境管理的"四梁八柱"逐步确立，强调了"建立健全以党政领导负责制为核心的责任体系，明确各级河长职责，全面建立省、市、县、乡四级河长体系"。这些顶层制度的设计与本项研究成果所提出的有关政策建议基本吻合。相关研究很值得今后进一步拓展和持续推进。

在这个过程中，我曾有幸问过中国水文水资源领域著名专家——中国工程院院士王浩教授，为什么中国大型水利工程都能做得那么好，而区区农村小型水利工程反倒做不好呢？王院士回答我的大致意思是随着我们培养的水利专业人才越来越多，包括水利专业毕业的大学生慢慢下沉到农村基层工作，农村小型水利工程的问题也会得到越来越好的解决。在此，感谢王浩院士富有启发意义的解答！

在这个过程中，本项目不仅得到我校配套资金的资助，而且该项目的最终成果及有关咨询报告还得到了我校常务副校长陶良虎教授的关注和指导，陶校长的指导站位很高，他对在完成国家社会科学基金项目研究的基础上如何推进教学、科研、咨询一体化给予了切中要害的指导。在此，对他表示崇高的谢意！

本项目在实地调查过程中，得到了湖北省水利厅程国银处长、杨振华科长和张浩森、陈小宝等同志的大力支持。同时，还得到了襄阳市及其所属的襄州区、南漳县和十堰市及其所属的丹江口市、郧阳区、郧西县等水利水电部门有关负责同志的大力支持，也得到了各位调查访谈者和问卷填写者的帮助。在此，对他们表示诚挚的谢意！

本项目启动实施以来，我校有关分管领导，包括科研处和财务处有关负责同志为课题的顺利开展和书稿的出版做了大量工作；我校公务员培训处张光争副处长、汪光明老师等帮助我组织了所在班级学员的问卷调查；我校公共管理教研部的各位领导和同事给予了积极鼓励和支持，特别是兰德刚教授亲自安排了硕士研究生喻湘同学和在职研究生张浩森同学参与本课题研究；我校报刊部编辑张娅老师和经济与管理教研部朱俭凯博士在整个研究过程中有求必应，给予我切实的帮助。在此，对他们表示衷心的感谢！

在书稿即将付梓之际，感谢人民出版社如期合约出版，特别感谢人民出版社新学科分社社长陈寒节老师和有关编校与设计人员专业而细致的工作！

柯高峰

2017 年 8 月于武汉